ERICK BONNIER, der Fotograf, hatte die Idee
zu diesem Buch über Souks. Er arbeitet mit der
UNESCO zusammen und illustrierte schon
viele Titel der internationalen Presse.

Die Autorin CLAUDIE BARAN schreibt kultur-
historische Reiseberichte. Mit Erick Bonnier
arbeitete sie bereits an einem Buch über Libyen
zusammen.

Bitte beachten Sie auch die folgenden
Publikationen des Christian Verlags:

Fotos auf dem Umschlag:

Vorderseite: Überdachte Marktstraße in Aleppo/Syrien (S. 152).

Rückseite (von links oben im Uhrzeigersinn):

Kunstschmied für die Krummdolche, die *Jambiyas*, in Sanaa/Jemen
(S. 107). Verkauf von Wolle für die Herstellung von Teppichen und
Gandouras in Ghardaia/Algerien (S. 52). Fese im roten Färbebad
in Tunis (S. 73). Ein Stapel der marokkanischen *Babuschen* in Fes
(S. 32). Devotionalien neben Haushaltsartikeln in einem Geschäft
in Fes (S. 33). Fächer aus Gänsefedern in Kairo (S. 94).

www.christian-verlag.de

Ich widme dieses Buch meiner innig geliebten Frau Céline für ihre Courage,
ihre Schönheit und ihre Größe. Möge Gott sie schützen.
Erick Bonnier

Dem Mann auf der Straße, denn er besitzt das Licht …
Meinen Kindern, damit sie es verbreiten.
Claudie Baran

Claudie Baran · Fotos von Erick Bonnier

SOUKS

Märkte und Basare von Aleppo bis Sanaa

CHRISTIAN VERLAG

INHALT

DIE SOUKS

Eine unvergängliche Welt

Vom Maghreb, dem Westen der arabisch-muslimischen Welt, über Ägypten bis nach Syrien hat jede Stadt ihren Souk. Diese in der Medina, dem historischen Stadtkern gelegenen arabischen Märkte gleichen einem Feuerwerk der Gerüche, Farben und Aromen, das sich wie eine berauschende Melodie im Labyrinth der Gassen ausbreitet. Unaufhörlich werden die Sinne angeregt, und die Nähe zu den Menschen auf der Straße verstärkt noch das Gefühl des Rausches. In diesem Schmelztiegel berühren sich Geschichte und Gegenwart. Hier reichen die Menschen ihr Wissen und Können im gütlichen Einklang mit dem Heute an die nächste Generation weiter.

Anlass genug, diesen Orten des Handels und des Austausches, die den Fremden mit ihrem Charme und ihrer Exotik bezaubern, ein Buch zu widmen. Besondere Aufmerksamkeit verdienen dabei die weithin unbekannten oder kaum beachteten Souks wie jene von Tlemcen in Algerien, Tripoli und Saida im Libanon oder in der libyschen Hauptstadt Tripolis. Sie sind reich, authentisch und gut erhalten, werden aber dennoch in keinem Reiseprospekt erwähnt. Diese einzigartige Bilderreise führt in sechzehn Etappen von Fès in Marokko bis nach Bagdad im Irak. An der Grenze des arabisch-muslimischen Kulturraums endet die Reise. Warum?

Weil die Märkte in der Türkei und in Ländern mit persischem Erbe – eine Region, die von Istanbul bis nach Samarkand in Usbekistan reicht – ausschließlich als Basar bezeichnet werden. Selbst wenn diese Handelsplätze den Souks auf den ersten Blick gleichen, hinsichtlich ihres Ursprungs und der Geschichte ihrer Menschen unterscheiden sie sich grundlegend und sollen daher hier nicht behandelt werden.

Orientalische Märkte eröffnen eine Welt voller Zauber. Jeder Souk ist ein pittoresker Kosmos für sich, in dem Brauchtum und Traditionen die Regeln des Miteinander bestimmen: in der Zeit überdauern, das eigene Wissen und Können an die Nachkommen weiterreichen, stolz seine Zugehörigkeit zu einem Clan, einer Gemeinschaft oder einer Handwerkszunft demonstrieren – dies sind die Maximen all jener Handwerker und Händler, die vom Souk leben.

Das Zusammenleben der Menschen ebenso wie ihre ganz unterschiedlichen Prägungen sind eine Lehrstunde des Geistes. Als System verschiedener Zünfte und Berufszweige, in denen jeder Handwerker das Werk eines Kollegen vollendet oder fortführt, kann ein Souk nur funktionieren, wenn sich die dort arbeitenden Menschen gegenseitig ergänzen. Jeder steuert sein Können bei, bietet es dem Nächsten an, der nun wiederum zum verlängerten Arm des Ersten wird. Diese Choreographie präziser ineinandergreifender Gesten und Bewegungen verwandelt den Rohstoff schließlich in das Endprodukt, aus dem einfachen Gebrauchsgegenstand beispielsweise wird ein echtes Glanzstück des Kunsthandwerks.

Die Gerber sind ein Wahrzeichen der Königsstadt Fès in Marokko. Bis zu den Hüften in ihren bunten Bottichen stehend, bieten sie einen surrealen Anblick. Kein Gerberviertel im gesamten Maghreb und Orient bringt einen vergleichbaren Reichtum an Farben hervor, ein so einzigartiges und so lebendiges Gemälde …

Die Seifenfabriken dagegen sind das Aushängeschild der syrischen Stadt Aleppo. Die für die orientalische Körperpflege typischen Produkte sind reine Handarbeit. Sie sind von außerordentlicher Qualität und genießen allerorts großes Ansehen.

Das gleiche Handwerk findet man im Souk von Tripoli im Libanon, wenngleich Verfahren und Endprodukt hier völlig anders gestaltet sind. Keine Riegel, sondern Bällchen glatt wie Billardkugeln verlassen dort die Werkstätten der Seifenmacher.

Die Hutmacher von Tunis im Souk der *chechias* – jene auch als Fes bekannten Filzkappen, die das Haupt von Millionen Muslimen rund um das Mittelmeer schmücken – repräsentieren das älteste Handwerk des Landes. Dank dieser Männer kann sich Tunesien einer mehr als fünfhundert Jahre alten Handwerkszunft rühmen.

Die Parfümeure von Damaskus stellen die denkbar feinsten Düfte her. Mit ihrem außergewöhnlichen Geruchssinn und ihrer Virtuosität im Umgang mit den zahllosen Aromen komponieren sie einzigartige Essenzen.

Souks sind wahre Mikrokosmen. Bevölkert von Händlern und Käufern unterschiedlichster Herkunft, sind sie zudem der Inbegriff eines lebendigen Weltbürgertums. Sunniten, Schiiten, Drusen, Christen, Juden, Kurden und Sabäer, sie alle steuern ihre Fähigkeiten und Traditionen bei. Jeder respektiert die Bedeutung des anderen in dem Wissen, dass er selbst vom Können seiner Mitmenschen abhängig ist.

Die Kurden in Mosul im Irak sind berühmte Messerfabrikanten; die Sabäer von Bagdad sind weltbekannt für ihr großes Geschick im Schleifen von Edelsteinen, die sie aus Afghanistan importieren, und die armenischen Christen im syrischen Damaskus gelten als die besten Goldschmiede der gesamten arabischen Welt. Zahllose Religionsgemeinschaften sind in diesem Kulturraum eng mit einer uralten Handwerkstradition verbunden, einem fantastischen kunsthandwerklichen Erbe, das die Araber über die Handelsstraßen der Karawanen in die ganze Welt exportierten.

Diese Handelsrouten verbanden Asien mit dem Orient und dem Okzident, und so sind Souks seit jeher die großen Umschlagplätze, auf denen neben Waren auch die neuesten Ideen, Weltanschauungen und Religionen zirkulieren. Hier existieren die profane und die spirituelle Welt Seite an Seite und bilden eine Allianz zwischen Geschäft und Glaube.

In einer Zeit, da viele die Verdienste der Globalisierung rühmen, ohne dabei auf die Gefahr einer Nivellierung von Kultur und Tradition hinzuweisen, ist es geradezu ein Muss, die Würde und die große Kunst dieser dem Untergang geweihten Handwerker zu dokumentieren.

MAROKKO

MARRAKESCH

Das aus der Färbepflanze Karthamin gewonnene Lippenrot wird in Tontöpfen verpackt (oben). Wenn es dunkel wird, bevölkern Gnaoui-Musiker, Nachfahren einstiger Sklaven aus Schwarzafrika, die Djamaa el-Fna und erfüllen die Nacht mit afrikanischen Melodien (rechte Seite). Das Minarett der Koutoubia-Moschee wacht über die unvergängliche Welt der Souks (folgende Doppelseite).

Eine Stadt, flankiert von schneebedeckten Bergen, deren jungfräulich weiße Gipfel das Grün der Dattelpalmen hervorheben. Eine Königsstadt, bewohnt von Menschen, die auf den heilbringenden Schutz des Schattens schwören. Das ist Marrakesch, eine Stadt voller Kontraste und Magie.

Ausgestreckt im Herzen der Haouz-Ebene liegt die Oasenstadt und Metropole Zentralmarokkos, eingebettet zwischen dem Schnee des Hohen Atlas und dem Wüstensand der Sahara, eine Stadt in der Kälte unter heißer Sonne.

Marrakesch gab dem Land Marokko seinen Namen und setzte sich selbst damit ein unübersehbares Denkmal. Auch wenn Marrakesch längst nicht mehr die Hauptstadt des Königreichs ist, so ist die »Perle des Südens« noch immer seine heimliche und gut beschützte Herrscherin. Über eine Länge von mehr als zehn Kilometern erstrecken sich ihre neun Meter hohen Befestigungsmauern aus Stampflehm und Kalk, durchbrochen von zehn monumentalen Toren.

Weder die Zeit noch der Einfluss des Menschen haben das strahlende Gesicht der Stadt grundlegend verändert. Marrakesch ist unversehrt, ein Edelstein in einem Schmuckkästchen, gebettet auf rotem Samt – die Farbe seiner Erde und seiner Gebäude. Die Marrakschis hegen eine unbändige Liebe für ihre Stadt, eine Zuneigung, die überall in den Gassen der siebzig Hektar großen Medina, der Altstadt, zu spüren ist.

Die Gründung Marrakeschs geht auf den ersten Herrscher der Almorawiden-Dynastie zurück: Ab 1062 ließ Youssof ben Taschfin an Stelle eines Heerlagers mitten in der Haouz-Ebene einen Palast und eine Moschee errichten. An einer wichtigen Handelsstraße durch die Sahara gelegen, entwickelte sich die Stadt bald zur Durchgangsstation der Karawanen und festigte ihre Bedeutung als riesiger Umschlagplatz für Kunst und Handelswaren. Nach Gewerben und Zünften geordnet bezogen die Handwerker im Herzen der Medina Quartier.

Als erstes Zentrum des Handwerks im Maghreb kann sich Marrakesch eines uralten Vermächtnisses rühmen, eines über zahllose Generationen überlieferten Wissens, fortgeschrieben und weitergereicht durch tausende von Meistern in der Medina. Eine ungeheure Vielfalt an Manufakturen, die inmitten von Lärm und Staub beste Qualität schaffen.

Unweit der zurückgezogen wirkenden Arbeiter setzen Gaukler und Marktschreier auf dem zentralen Platz der Stadt ein beredtes Schauspiel in Szene. Die Djamaa el-Fna ist ein trapezförmiger Platz, der sich über eine Fläche von fünf Hektar erstreckt.

Kumin oder Kreuzkümmel wird zum Würzen von Fleisch verwendet (oben). Der leuchtend rote, mäßig scharfe Paprika (unten) wird aus Pfefferschoten gewonnen. Verkauft werden die Gewürze auf dem Souk Kessabine.

Ein ohrenbetäubendes Spektakel vollzieht sich dort, das allein die Gegenwart der Kutoubia-Moschee etwas zu bändigen scheint. Die klaren Linien des stolzen Baus sind wie eine Mahnung zur Demut und Gottesfurcht. Sie ist eine der größten Moscheen des muslimischen Okzidents, und ihr 77 Meter hohes Minarett überragt die Stadt wie ein Leuchtturm, der den Pilgern den Weg weist. Man sieht es noch im Umkreis von Kilometern. Zu seinen Füßen widmet sich das einfache Volk dem täglichen Leben.

Bis 1912 ließen die Sultane auf der Djamaa el-Fna Kriminelle und Rebellen zu Tode foltern und stellten die Köpfe der Enthaupteten in der Öffentlichkeit zur Schau, bevor die Geier das grausige Werk vollendeten. Daher einer der vielen Namen der Djamaa el-Fna: »Versammlung der Hingerichteten«. Eine düstere, unheilvolle Geschichte, die aber Tausende sich auf dem Platz drängende Menschen keineswegs bekümmert. Hier finden sich Beduinen aus der Sahara ein, Berber aus dem Hohen Atlas, Bauern aus der Sous-Ebene. Sie schreiten ebenso wie die Touristen unbeschwert über den Platz, um Besorgungen zu machen oder sich zu zerstreuen.

Sobald die Sonne im Zenit steht, gehört die Djamaa el-Fna den Schlangenbeschwörern, Schauspielern, Tänzern und Jongleuren, aber auch öffentlichen Schreibern, Zahnziehern, Wahrsagern und anderen Quacksalbern. Jeden Nachmittag erwacht der Platz zum Leben und verwandelt sich in eine öffentliche Bühne. Dann erscheint er wie eine regelrechte Karawanserei – Schlangenbeschwörer mit Knäueln ihrer Reptilien auf den Armen hypnotisieren nicht nur ihre Tiere, wie die sich um sie scharende, staunende Menge zeigt. Augen und Mund weit aufgerissen, schwanken die Zuschauer zwischen Schrecken und Faszination. Die Alten rauchen Kif (Cannabis), während sie den Geschichtenerzählern lauschen, die mit mystisch verklärtem Blick ihre überschwänglich ausgeschmückten Geschichten erzählen. Hier hört man eine Anekdote aus dem Leben des Propheten Mohammed, dort eine der großen vorislamischen Heldensagen der arabischen Welt. Einige untermalen ihre Rede mit einem Tamburin, andere tragen ihre Rede mit bewegender Melodie vor und stellen dabei Szenen nach, die das Publikum fasziniert verstummen lassen. Die *guerrab*, Wasserträger, schwenken ihre Messingglocke. Von allen Kleinverdienern sind sie die originellsten. Das Wasser transportieren sie in einem Fellbeutel, der mit einem Schlauch versehen ist und auf dem Rücken getragen wird. Für Muslime wird das Wasser in Messingtassen, für Ungläubige in Blechbechern ausgeschenkt. Schon von weitem sind die *guerrab* an ihren großen Hüten zu erkennen, an denen bunte Fransen baumeln.

Sobald die Nacht hereinbricht, erhellt ein Meer von Lichtern den großen Platz. Händler verkaufen im Schein von Karbidlampen, Gaslaternen oder elektrischen Leuchten gegrillten Fisch, die traditionelle Fastensuppe *harira*, süßlich-pikanten Couscous und die typischen Fleischgerichte, die Tagines. Auf den Holzkohlegrills werden Fleischspieße, Merguez (Würstchen) und Beignets (in Öl ausgebackenes Obst oder Gemüse) zubereitet; alle möglichen Speisen dampfen in den Töpfen, während sich rundherum Orangen, hart gekochte Eier und Fladenbrote türmen. Der Platz verwandelt sich in ein riesiges Freiluftrestaurant. Doch die Nacht hat erst begonnen. Sobald die Mägen gefüllt und die neuesten Gerüchte ausgetauscht sind, wenden sich die Besucher der Djamaa el-Fna wieder dem lärmenden Spektakel auf dem Platz zu.

Die Gnaoui sind Musiker und Tänzer. Sie stammen ursprünglich aus Schwarzafrika und sind die Nachkommen einstiger Sklaven aus dem Sudan. Im Rhythmus ihrer

Trommeln, den *darboukas*, begleitet vom Tamburin und einer kleinen dreisaitigen Gitarre, stimmen sie einen monotonen Singsang an, eine Art ekstatische Beschwörungs-melodie von hypnotischer Kraft. Bekleidet mit dem weiten Übergewand, der Gandura, lassen sie durch eine regelmäßige Bewegung die ihre schwarzen Hosen säumenden Troddeln kreisen. Schon bald geraten sie in Trance, doch hören sie nicht auf, ehe der Tag anbricht. Die Djamaa el-Fna ist Markt und Forum in einem, zauberhaft voller Überraschungen. Jegliche soziale Hierarchie ist aufgehoben, was zählt, sind die Begeg-nung, das Lachen und die geteilte Freude.

Jenseits des Platzes beginnt ein unentwirrbares Netz von Gassen: Der Chemin des Apothicaires (Apothekerweg) führt zum Souk der Magier. Die Läden und Stände auf dem Rahba-Kedima-Platz brüsten sich damit, die offiziellen Lieferanten der Wunder-heiler zu sein. Hier findet man das komplette Sortiment traditioneller Arzneien mit ihren heilenden, magischen und aphrodisischen Kräften. Amulette, die lose in Kästen angeboten werden, sollen vor allen möglichen Gefahren schützen. Schleifen, Edel-steine, Tigeraugen, Quecksilber, Kupferringe, Pflanzen, Tierhäute – dies alles sind Mittel, die ganz nach Wunsch des Käufers eine wohltuende oder unheilvolle Wirkung ausüben. Chamäleons sieht man beinahe an allen Ständen. Lebendig oder aber getrocknet finden sie in der Zauberkunst vielseitige Verwendung. Als Glücksbringer zieren Korallenketten die Hälse der weiblichen Klientel. Zu einem Pulver zermahlen sollen die Korallen Herzkrankheiten kurieren, in einer Essiglösung heilen sie angeblich Lungenentzündungen. Ein Stückchen weiter liegen Stapel von *naj*, aus Holz, Knochen oder Horn gefertigte Flöten, denen ebenfalls Zauberkräfte zugeschrieben werden. Sie sind das einzige Blasinstrument in der Welt der arabischen Musik und dürfen nur von Männern gespielt werden. Das traditionelle Henna wird neben seiner Verwendung als Färbemittel auch in Form von Breiumschlägen eingesetzt. Es schafft Linderung bei Verstauchungen und Prellungen und hilft bei Hautproblemen. Mit Henna-Paste schmücken die Frauen ihre Handteller und Fußsohlen, indem sie mithilfe von Scha-blonen kunstvolle Tätowierungen auftragen. So erklärt sich auch die geradezu ver-schwenderische Fülle von Henna-Zweigen an den Ständen der Händler. Dort findet man auch Moschus, ein potentes Aphrodisiakum, oder Amber, ein Beruhigungsmittel und Haarfestiger, ebenso wie Belladonna, ein aus der Tollkirsche gewonnenes Hallu-zinogen. Und natürlich den kajalähnlichen Khol in Phiolen aus Holz, Silber oder Elfenbein, der laut Koran »den Blick kräftigt und das Wachstum der Wimpern fördert«.

Auf den Charme des Marktes der Magier folgt der Zauber des Färber-Souks. Das Viertel, das sich die Rue Smarine hinauf erstreckt und dann nach links in die Rue Attarine abbiegt, fasziniert durch seine Farbenpracht. Berühmt für seine in allen Farben leuchtende Seide und die Kleider, die zwischen den Mauern an Schilfstangen aufge-hängt trocknen, erinnert der Basar der Färber an ein großes, buntscheckiges Tuch.

In den Tiefen des Souks erinnern die verschneiten Gipfel des Atlasgebirges, die sich in der Ferne bis zu 4 000 Meter hoch auftürmen, den Menschen an die eigene Nichtig-keit. Gemessen an der immensen Weite der Landschaft wirken die Handgriffe der Arbeiter wie das Treiben von Ameisen. Marrakesch wogt, brandet und braust – es ist ein Bienenstock, der einen köstlichen Nektar erzeugt. Vor den Mauern des Souks erklingt das gleichmäßige »Klack-Klack« der Pferde vor den grün gestrichene Kutschen wie der Herzschlag der Stadt. Innerhalb der Mauern pulsiert das Leben von Marrakesch.

Henna verwenden die marokkanischen Frauen zum Färben der Haare, Hände und Füße (oben). Das schwarze Pigment für die Augenschminke Khol (unten) wird aus Antimonsulfid gewonnen.

Um die Intimität der Familie zu bewahren, sind die Häuser der Marrakschis nach innen gewendet und um einen Hof angelegt. Jedes Gebäude folgt dem gleichen Grundmuster. Eine Treppe führt zu einer großen Terrasse hinauf, wo es sich in den heißen Sommernächten besser schläft (linke Seite, oben). Die Moschee Ben Youssef stammt aus dem 12. Jahrhundert (linke Seite, unten). Die schmucklosen Mauern lassen die Pracht, die sie verbergen, kaum erahnen. Die rund 800 000 marokkanischen Esel sind unermüdliche Arbeitstiere und dienen zum Transport der Waren ebenso wie zur Feldarbeit (oben).

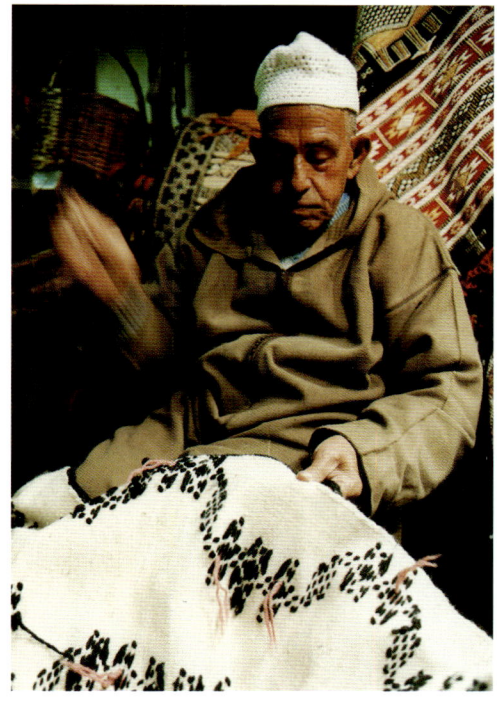

Während des Ramadan machen die Briouat-Verkäufer ein gutes Geschäft (linke Seite und oben). Die kleinen, gefüllten Teigtaschen finden sich auf jeder Festtafel. Berberdecken aus Wolle sind die Spezialität von Nourredine Asri. Er fertigt sie bereits seit seinem achten Lebensjahr (oben links). Der Wasserverkäufer (guerrab) trägt seine Ware in einem Fellbeutel, der mit einem Schlauch versehen ist. Schon von weitem erkennt man den Mann an seinem bunten Hut und dem unablässigen Gebimmel seiner Glocke (unten).

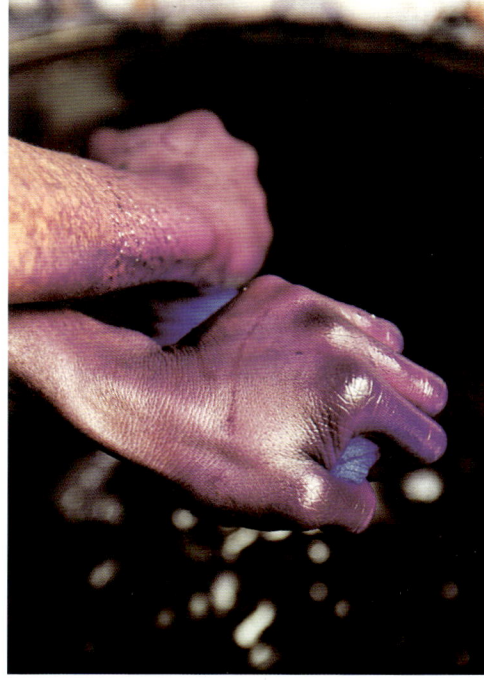

Der Souk der Färber gleicht einem riesigen, farbenprächtigen Tuch. Die Wollbündel werden zwischen den Mauern an Schilfstangen zum Trocknen aufgehängt (links oben). Die heruntertropfenden Farben zeichnen abstrakte Aquarelle an die weißen Wände der Färbereien. Goldgelb, Azurblau und Dunkelrot verschwimmen zu einer Anarchie der Farben. Zum Umwälzen der Wolle oder Seide müssen die Färber ihre Hände und Arme tief in die Bottiche eintauchen.

In einer Gasse am Ausgang des Rahba-Kedima-Platzes breiten Obst- und Gemüsehändler, von einem Bambusgestänge vor der Sonne geschützt, ihre Ware auf Karren, improvisierten Ständen oder auf dem blanken Boden aus. Peperoni, Auberginen, Paprika, Zucchini, Fenchel, Tomaten, Kohl und Zwiebeln sind unverzichtbar in einer marokkanischen Tagine. Doch auch Granatäpfel, Kaktusfeigen, Kakis, Zitronen, Orangen, Bananen, Quitten, Pflaumen, Pfirsiche und Äpfel belegen die Fruchtbarkeit der marokkanischen Obstgärten.

MAROKKO

FES

Im Königreich Marokko ist Fès die prachtvolle Herrscherin: Sie ist die Älteste der vier marokkanischen Königsstädte. Idris I., Nachfahre Alis, eines Schwiegersohns des Propheten Mohammeds, gründete dort die erste marokkanische Dynastie. Sein Sohn Idris II. baute die noch kleine Berbersiedlung zur Hauptstadt seines Reiches aus und verbreitete von dort den Islam im ganzen Land.

Als kulturelle Hauptstadt, aber auch als Zentrum von Kunst und Handwerk hat sich Fès eine starke Identität bewahrt. Die heutige Stadt besteht aus drei Teilen, der Neustadt aus der Kolonialzeit, dem im 13. Jahrhundert entstandenen Fes el-Djedid (das neue Fès) und dem Viertel Fes el-Bali (das alte Fès), das im Jahr 807 von Idris II. gegründet wurde und vollständig von hohen Mauern umgeben ist. Von den umliegenden Hügeln genießt man den schönsten Blick auf diesen ältesten der drei Stadtteile. In diesem Häusermeer leben und arbeiten die Einwohner, die Fassi, wie ehedem, wiederholen jahrhundertealte Handgriffe und pflegen einige der ältesten Berufe der Welt. Immer wieder ziehen grün glasierte Ziegel zwischen den hellen Dachterrassen den Blick auf sich: Das Grün des Islam markiert

Der Fes oder Tarbusch ist ein zylindrischer Hut aus roter, gefilzter Wolle (oben). Die Medina von Fès ist eine der größten im gesamten Maghreb. Ihre Souks zählen 150 000 Handwerker aus 780 Gewerbezweigen mit uralter Tradition.

die Sakralbauten. Hier sind es die Minarette der Moscheen, deren es allein innerhalb der Mauern 143 gibt, dort die Dächer der Medresen (Koranschulen).

Seit 1981 gehört die Medina von Fès mit ihrer zwölf Kilometer langen Stadtmauer zum Welterbe der UNESCO. Durch monumentale Portale gelangt man in ein Gewirr aus rund 9 400 Gassen. Wer sich in den Mäandern dieses Irrgartens treiben lässt, hat Gelegenheit, den für ihr Geschick in der ganzen arabischen Welt bekannten Handwerkern bei der Arbeit zuzuschauen. Die Medina ist nach Berufszweigen in Bezirke aufgeteilt, und jeder verfügt über seine eigene Koranschule, öffentliche Bäder, Brunnen und eine eigene Moschee. Entsprechend sind auch die unmittelbar angrenzenden Souks nach Handwerksinnungen geordnet.

Das Gewirr aus Gassen und Sackgassen gehorcht einer undurchschaubaren Geometrie. Hier reihen sich die Stände der Geflügelhändler an jene der Krämer, die Henna und Hornkämme verkaufen, daneben stehen Oliven- und Schneckenverkäufer, Stoffhändler bieten leichte Kapuzenmäntel, Djellabas, und Babuschen feil. die typischen spitzen Schuhe des Orients.

Die Handwerker von Fès sind berühmt für die hohe Qualität ihrer meisterhaft gefertigten Produkte. Während sie selbst im verborgenen Dunkel ihrer Werkstätten wirken, belegen ihre Erzeugnisse die Straßen und lassen oft kaum noch Platz für die Passanten. Laternen, Teppiche und Accessoires aus gehämmertem Kupfer und Messing – die Anhäufung wunderbarer Waren auf den Basaren von Fès erinnert an die Höhle

Das Mausoleum (Zaouia) Moulay Idris' II. ist mit einem kunstvoll geschnitzten Gitterwerk eingefasst. Moulay Idris war der Sohn Idris' I., des Begründers von Fès, und ein Nachkomme Alis, des Schwiegersohns des Propheten Mohammed. Als Zeichen für die große Bedeutung dieses Heiligtums sind die umliegenden Gassen in Kopfhöhe mit einem Balken blockiert, damit keine unreinen Tiere wie Esel oder Maultiere hindurch können und man sich beim Passieren verneigen muss.

Tabletts sind das Werk der Messingschmiede (oben). Babuschen (unten) sind ein Markenzeichen von Fès. Rund 1 500 Schuhmacher gibt es in der Medina. Nachdem die Männer die Schuhe zusammengenäht und geklebt haben, werden sie von den Frauen bestickt.

des Ali Baba. Die Straßen und Gassen der Medina sind viel zu schmal für Fahrzeuge gleich welcher Art. Und so stellen Esel und Maultiere den täglichen Transport von den Werkstätten zu den Handelsplätzen sicher. Die Tiere genießen das alleinige Wegerecht in den Souks. Mit dem traditionellen »Balek!« – »Vorsicht!« – kündigen die Hausierer in langen Kolonnen ihre Ankunft an.

Mitten in dem Trubel des Marktes ist das Feilschen und Schachern in vollem Gange. Doch keine Geschäftsbeziehung wird geknüpft, kein Handel abgeschlossen ohne das obligatorische Ritual des Minztee-Trinkens. Sehr heiß getrunken und reichlich gezuckert, leitet der Tee ein endloses, aber stets freundschaftliches Palaver mit dem Verkäufer des begehrten Objektes ein.

Tag für Tag schillert und funkelt der Souk unter der nordafrikanischen Sonne und verströmt das für Fès so typische »Parfüm«, eine höchst eigenwillige Mischung aus dem Duft der köstlichsten Speisen und den übelriechenden Ausdünstungen des Gerberviertels. Noch bevor man diesen archaischen Ort erreicht hat, weht einem ein pestilenzartiger Gestank entgegen und weist den Weg durch die Gassen. Auf einem Platz im Chuwwara-Viertel liegt die Welt der Gerber, in der sich die Männer rund um große Bottiche, im Bauch riesiger hölzerner Kübel oder auf den umliegenden Terrassen zu schaffen machen.

Mit dem ersten Lichtstrahl streben die Menschen dorthin, um ein jahrhundertealtes Handwerk auszuüben. Jeden Tag bringen Lastesel bis zu 6 000 Kalbshäute und 3 000 frisch abgezogene Ziegenhäute, um sie am Eingang des Viertels zu deponieren. Von dort muss man eine steile Gasse hinabgehen, um auf den Platz zu gelangen, auf dem die Gerber ihrem Geschäft nachgehen. Dort werden die Häute vom Fell getrennt, gewaschen, eingeweicht, gefärbt und getrocknet. Von einer Terrasse aus können Besucher das emsige Treiben und die zahlreichen Arbeitsschritte beobachten. Mit nackten Beinen bis zur Taille eingetaucht, stehen die Männer in den gemauerten und gefliesten Trögen und stampfen die Häute, bis sie die gewünschte Farbe haben. Als Färbemittel dienen natürliche Farbstoffe: Koschenille für Granatapfelrot, Karthamin für Orangerot und Indigo für Preußischblau – ein unerschöpflicher Schminkkasten für das Antlitz dieser Stadt aus Licht und Schatten.

Zwei Wochen später erscheinen die »Taxis auf Hufen« erneut, um das gegerbte Leder aufzuladen und zu den Lagern der Großhändler zu bringen, wo sie in größeren Posten an die Schuhmacher und andere Lederwarenhersteller versteigert werden.

1 500 Schuster arbeiten in der Medina und produzieren die für Fès berühmten Babuschen, bequeme Hausschuhe von außerordentlicher Qualität. Sie werden zunächst von den Männern genäht und geklebt und anschließend von den Frauen bestickt. Eine Besonderheit von Fès sind die grauen, aus Pferdeleder gefertigten Babuschen, die man in allen Lederläden sorgsam arrangiert findet und die sich nur die Wohlhabenden leisten können. Die preiswerteren Exemplare hängen in Trauben gebündelt von den Ladendecken herab.

Einen Steinwurf entfernt vom Gerberviertel befindet sich der Souk der Färber. Ihr Geschäft ist es, Wolle, Seide und Baumwolle einzufärben. Unauslöschlich tragen ihre Hände und Arme die leuchtenden Spuren ihrer Arbeit: Die edlen Materialien werden in tiefe Kessel getaucht und eingeweicht. Das Färbewasser, das in Rinnsalen in der Mitte der Straßen abfließt, scheint direkt aus einer Farbtube zu strömen.

In der Nähe dieser Viertel, in denen Nase und Augen von einer ununterbrochenen Reizflut bombardiert werden, sind die Straßen dicht gepflastert mit Ständen, an denen man alles für das leibliche Wohl kaufen kann.

Der Souk Attarine ist der Gewürzmarkt. Getreide, Samen aller Art, Hülsen- und Trockenfrüchte werden hier zusammen mit Paprika, Zimtrinde, Ingwerwurzeln und anderen, in Europa eher unbekannten Gewürzen angeboten. Einige für ihre Heilkraft bekannte Pflanzen werden als Arzneien verkauft. Die Vielfalt traditioneller Heilmittel übertrifft bei weitem die moderner Medikamente. Das Gesamtbild gleicht einem Flickenteppich aus allen erdenklichen Farben von Gelb über das ganze Spektrum von Rottönen bis hin zum dunkelsten Grün.

Nicht weit von diesem geschäftigen Treiben weicht das Gedränge der Händler der andächtigen Stille der Gläubigen. Die Moschee Kairaouyine ist ein Ort der Ruhe. Ihr Grundriss erstreckt sich über eine Fläche von fast 16 000 Quadratmetern. Als Gottes-haus und Universität wurde die Moschee im Jahr 859 gegründet; ihre Bibliothek birgt Handschriften von unschätzbarem Wert. Der deutsche Ethnologe Leo Frobenius und zahlreiche andere Forscher kamen dorthin, um zu lernen und zu lehren. Der 16-schiffige Gebetssaal, der bis zu 22 000 Gläubige fasst, wird von 270 Pfeilern gestützt. Fünfmal am Tag erinnert der Ruf des Muezzins die Gemeinschaft an ihre religiösen Pflichten. Es ist Zeit, Gott die Ehre zu erweisen und zumindest für einen Moment das Palaver der Straße hinter sich zu lassen, um göttliche Lobpreisungen anzustimmen.

Schwer fällt die Nacht auf den westlichen Maghreb. Auf die Gluthitze der Sonne folgt die kühle Brise aus dem Rifgebirge.

Auf einem kleinen Markt werden Oliven und Schnecken (oben) sowie süße, in Öl gebackene Teigkringel verkauft (unten).

Die im Jahre 859 gegründete Moschee Kairaouyine ist eines der größten islamischen Gotteshäuser; die dazugehörige Medrese ist die älteste religiöse Lehranstalt des Maghreb. Die aus dem 10. Jahrhundert stammende Bibliothek der Moschee-Universität umfasst 30 000 Werke, darunter 10 000 Handschriften von unschätzbarem Wert. Der von den Saadiern im 16. Jahrhundert gebaute Brunnen im Innenhof der Moschee wird von den Gläubigen für die rituellen Waschungen vor dem Gebet genutzt (oben rechts). Öffentliche Gebäude und Sakralbauten sind innen und außen mit kunstvollem Stuckdekor und Zellijes, farbenprächtigen Fliesenmosaiken, verziert (unten links). Im Innenbereich der Medrese el-Attarine zieren Koran-Kalligraphien die Mauern (oben links). In den Gassen der Medina gibt es zahlreiche öffentliche Brunnen. Einen der prächtigsten findet man im Viertel en-Nejarine, in dem die Tischler zu Hause sind. Er ist mit farbenfrohen Fliesenmosaiken dekoriert (linke Seite).

Im Schuwwara-Viertel, dem eindrucksvollen Souk der Gerber und Färber,
sorgen »behufte Taxis« für die tägliche Anlieferung von 6 000 Kalbshäuten und
3 000 Ziegenhäuten (oben). Die Alten in ihren Kapuzenmänteln, den Burnussen
(unten), verbringen die Tage »in gleichmütiger Langsamkeit wie eine Schaf-
herde«, wie es in einer alten Volksweise heißt. Die Sakralbauten der Königs-
stadt, hier von der Terrasse des Palais Jamai aus gesehen (rechte Seite), erkennt
man an ihren grün glasierten Dachziegeln.

Auf der Hauptstraße der Medina, der Talaa Kebira, reiht sich ein Laden an den anderen. Seit vierzig Jahren
betreibt Mohammed seinen »Basar«, in dem es so gut wie alles zu kaufen gibt (oben). Im Souk Kissaria
versorgen Garnhändler die Schneider mit Garn aus Baumwolle, Leinen und Seide (linke Seite, oben links).
Ab einem bestimmten Alter tragen die Fassi den traditionellen Tarbusch (linke Seite, oben rechts).
Babuschen werden einmal pro Woche auf dem Souk Cherabiyine versteigert (linke Seite, unten rechts).

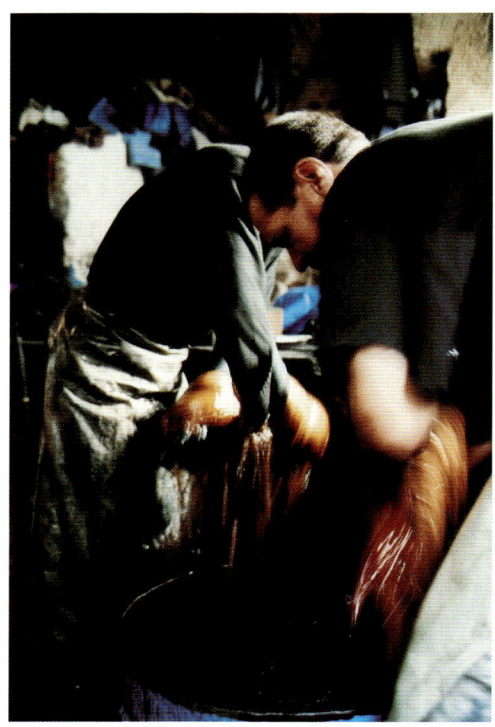

*In den wabenartig angeordneten Bottichen zum
Sämischgerben (rechte Seite) wird das Leder
geweicht, gegerbt, gefettet und gefärbt. Von frühes-
ter Stunde an gehen hier die Gerber und Färber
ihrem Handwerk nach (oben). Das Leder dient zur
Herstellung von Babuschen, Taschen, Sitzkissen,
Brieftaschen (unten) und Gürteln.*

TLEMCEN

Auf dem Gipfel eines Hügels thronend, häufig umgeben von dichten Nebelschwaden, liegt die Stadt da wie die Gefangene einer vom Wind vergessenen Wolke. Man erreicht sie über eine schmale, steile, von Lastwagen und Karren verstopfte Straße. Kalt und böig kündigt sich der Winter an. Nur schemenhaft erkennt man hier und da die Silhouetten einiger Einwohner, tief eingegraben in ihre Wollburnusse, die Kapuzen weit ins Gesicht gezogen. Die Platanen haben längst ihr Laub verloren; die Vögel sind verstummt.

Die 2 000 Jahre alte Stadt Tlemcen liegt im Herzen einer grünen, für ihre Fruchtbarkeit geschätzten Hügellandschaft. Die Geschichte Tlemcens ist, wie die des gesamten Maghreb, geprägt von Invasionen und Überfällen. Diese Stadt schlug jedoch einen anderen Weg ein als der Rest des Landes, als Youssof ben Taschfin die Herrschaft der marokkanischen Almorawiden-Dynastie bis nach Spanien und das östliche Algerien ausdehnte.

Die Bauwerke der Stadt sind die einzigen Algeriens im spanisch-maurischen Stil. Nach der Rückeroberung Córdobas 1236 durch Ferdinand III. von Kastilien ließen sich 50 000 maurische Flüchtlinge in Tlemcen nieder. So wurde die Stadt arabisch-andalu-

Mit geschickter Hand und Goldfaden fertigt der Sticker den men-soudj, eine ärmellose Weste, die die Braut am Hochzeitstag trägt (oben). Die Große Moschee beherrscht den Platz Emir-Abdel-kader (rechte Seite). Sie ist ein Werk der Almorawiden, die sie zwischen 1082 und 1136 errichteten. Ihre heutige Gestalt geht zurück auf Yaghmora-cen, den Begründer der Dynastie der Zianiden.

sisch – der Beginn einer glücklichen Epoche für die Hauptstadt des mittleren Maghreb. Tlemcen entwickelte sich zu einem prosperierenden Zentrum des Handels zwischen Europa und Afrika. Ende des 15. Jahrhunderts hatte Tlemcen bereits 100 000 Einwohner. Ein Relikt aus dieser glanzvollen Ära ist das Viertel der Kissaria. In dem fünf Hektar großen Areal lag eine riesige Karawanserei, die Platz für 2 000 Händler und Hunderte von Handwerkern bot, die dort wohnten und arbeiteten. Die schwer mit Gold beladenen Karawanen aus Timbuktu machten hier Halt, bevor sie weiter in den nördlichen Mittelmeerraum zogen.

Heute sind die einst Fondouk genannten Unterkünfte der Karawanen in winzige Läden unterteilt. So auch das Geschäft von Fethi Sali, dem letzten Sattler der Stadt. Der betuchte Mann ist kaum auszumachen hinter den Stapeln von Satteln, den mit Steigbügeln prall gefüllten Kisten, den in Reihen an Schnüren herabhängenden roten Stiefeln und leuchtenden Filzdecken. Seit drei Generation sind die Sali erfolgreich in der Manufaktur von Lederwaren tätig. Dank der Leidenschaft der Landbevölkerung für die Fantasia, die traditionellen Reiterspiele der Araber und Berber, konnte das Handwerk auch in Zeiten der Rezession überdauern. Die ursprünglich militärisch begründete Fantasia gibt dem Reiter Gelegenheit, Schneid, Geschick und Verwegenheit unter Beweis zu stellen.

Im Frühling veranstalten die Männer Darbietungen in den umliegenden Dörfern. Die Pferde werden mit prahlerischem Luxus beschirrt – Sattelbogen aus Nussbaum-

*Posamente, handge-
webte Stoffe und Sticke-
reien bergen für den
Schneider aus Tlemcen
keine Geheimnisse
mehr (oben). In der
Werkstatt der Brüder
Brikci werden Berber-
teppiche und Decken
gefertigt (rechte Seite).*

oder Mandelholz, überzogen mit gegerbter Ziegen- oder Rinderhaut. Der Sattel ist mit Silber- oder Goldfaden bestickt, Kopf und Brust des Pferdes mit gut einem Dutzend ineinander verwobener Samtflicken geschmückt und die Steigbügel mit einer Schicht aus purem Gold überzogen.

»Es sind mindestens zwölf Ziegenhäute nötig, und sechs Arbeiter müssen einen Monat lang schuften, um einen so prächtigen Luxussattel herzustellen. Die Motive entwerfe ich selbst«, verkündet Fethi stolz, auf einem noch formlosen Stück Leder hockend. Die Motive sind der andalusisch beeinflussten Volkskunst entlehnt, feine Arabesken und mannigfaltige Formen und Ornamente eines Handwerks, das aus dem reichen kulturellen Erbe zu schöpfen wusste, das diese Stadt charakterisiert.

In einem Hinterzimmer demonstriert Sid Ahmed Mallem mit Meisterhand die Kunstgriffe des Stickers. Wie sein Innungskollege Fethi reproduziert er in gekonnter Manier die für die Kunst Tlemcens typischen Motive. Er betreibt ein Schneiderei- und Bekleidungsgeschäft, das im ganzen Land für seine Kleider für Hochzeiten, feierliche Zeremonien und andere besondere Anlässe gerühmt wird. Seit eh und je veredelt er seine Textilien mit goldenem Faden. Seine Finger hat er sich an dem dichten, widerspenstigen Material allerdings längst ruiniert. Die Ausstattung der Braut ist ein wahres Kunstwerk, das aus einem Dutzend verschiedener Teile besteht. Sie alle werden in Sid Ahmeds Atelier gefertigt – Kaftan, Gürtel, Stola, Rock und Überrock, kegelförmige Tiara, Bänder … »Sobald die Braut von den älteren, erfahrenen Frauen bekleidet und herausgeputzt ist, schmückt sie sich mit schweren Schmuckstücken. Das Ankleiden dauert mehr als zwei Stunden. Die Bräute in Tlemcen sind nicht zufällig die schönsten des gesamten Kontinents!«

Am Stadtrand, weit entfernt vom Lärm der Märkte, betreiben die Brüder Brikci mit einigen Angestellten hinter dicken Mauern ihr kleines Familienunternehmen. Sie führen eine Tradition fort, die so alt ist wie die Stadt selbst: die Teppichherstellung. Ob aus feinster Wolle gewebt oder geknüpft, insgesamt elf Webstühle bringen in den vielfältigsten Dessins die prachtvollsten Exemplare der Handwerkskunst von Tlemcen hervor. Die mit der gefärbten Wolle bestückten Webschiffchen gleiten geräuschlos durch das kunstvolle Geflecht der gespannten Fäden. Ein durchdringender Geruch nach Schafswolle hängt in der Luft. Mustafa lässt seinen ruhigen Blick durch das Atelier schweifen, bevor er eine weitere seiner Spezialitäten vorstellt, seine Decken. Eine Braut, die sich auf ihre Hochzeit vorbereitet, muss für ihre Aussteuer mehrere Teppiche und Decken bereit halten. Dazu gehört der *bourabah* aus reiner Wolle oder mit Baumwolle gemischt ebenso wie der schlichte *mharbel*. Insgesamt sieben verschiedene Stücke werden den Wohnsitz der neuen Hausherrin schmücken. Doch die spektakulärste aller Decken ist der *hachaichi*. Medjahdi ist Weber und ganz besonders redselig, wenn es darum geht, die Vorzüge seiner Decken zu preisen: »Meine *hachaichis* sind die schönsten im ganzen Land. Das sieht man schon an der Zusammenstellung der Farben und an der Qualität des Gewebes. Der Begriff *hachaichi* leitet sich von ›Haschisch‹ ab: Die Vielfalt der Farben ist so reich und prächtig, dass dem Betrachter schwindelig wird, ein Rauschgefühl wie beim Genuss von Haschisch.« Der Mann und seine vier Angestellten arbeiten in einem Keller, in den der Besucher durch eine enge, zur Straße führende Tür gelangt. Die Luft ist gesättigt vom Wollstaub, der die Arbeiter immer wieder zum Husten reizt.

Die Arbeit am Web- oder Knüpfstuhl ist eine rein männliche Domäne, und Mahi ist ein glühender Verfechter dieser Tradition. Der Beruf des Webers verlangt geschickte, sichere und schnelle Handgriffe. »Die Ausbildung zum Weber beginnt bereits in ganz frühen Jahren. Schon als Kind muss man den *draz* auskehren, den Abfall aus Fasern und Fäden, die überall auf dem Werkstattboden verstreut liegen. Auch muss der Lehrling das Webschiffchen wieder aufnehmen, wenn es dem Meister entgleitet. Und natürlich zuschauen … immer wieder zuschauen, um die Handgriffe des Webers zu erlernen. Mit zehn Jahren beginnt man, die Fadenspule zu rollen, auf der die Seide aufgewickelt ist. Und man lernt das Webeblatt zu bedienen. Ich bin der Letzte, der noch den *mensoudj* herstellt«. Dieser kostbare Stoff, der ausschließlich für Festkleidung Verwendung findet, wird mit Seide bestickt. Auf einer vier Meter langen und gut einen Meter breiten Stoffbahn werden dabei allein 300 Gramm Seide verarbeitet.

Wenn sich der Tag allmählich zum Ende neigt und sich die Dunkelheit über die Werkstatt legt, lässt Mahi den Rollladen herunter und strebt mit raschem Schritt zur Musikschule im Zentrum der Stadt. Zweimal pro Woche trifft sich der Weber dort mit seinen Freunden, um arabisch-andalusische Lieder zu spielen.

Diese kunstvolle Musik ist ein Zusammenspiel von Gesängen und instrumentalen Stücken, die alle in der gleichen Tonart, aber in verschiedenen Rhythmen arrangiert sind, eine nicht enden wollende Suite, die ganze Nächte hindurch dauern und zu einer echten körperlichen Prüfung werden kann. Doch die »Söhne von Tlemcen«, wie sie sich nennen, stört das nicht. Sobald die Saiten erzittern, begibt sich die Seele in einen anderen Bewusstseinszustand und die Zeit wird bedeutungslos.

Man sagt, dass die Musiker in Tlemcen früher ihre Instrumente nach dem Gesang der Nachtigall hoch oben in den Bergen stimmten – eine schöne Vorstellung aus einem schon fast vergessenen Paradies. Die Bewohner Tlemcens sind zurückhaltende, aber unermüdliche Anhänger ihrer Kultur und treten dafür ein, dass sich das Gestern in Harmonie mit dem Heute versöhnt.

Die medèls, Hüte aus Esparto-Gras, werden von den Bauern und Reitern getragen (oben). Tlemcen ist nach wie vor stark der andalusischen Musik und ihrem magischen Instrument, der Oud (Laute), verbunden (unten).

In den Gassen der Kissaria, einem Handelsviertel aus dem Mittelalter, betreibt Meister Fethi Sali, ein renommierter Sattler, sein Geschäft. Aus Ziegen- oder Schafsleder stellt er die schönsten Sattel der gesamten Region her (links). Pausche, Hinterzwiesel (unten rechts) und Vorderzwiesel sind mit Goldfaden bestickt (rechte Seite). Die Prachtstücke, die anlässlich der Fantasias zur Schau getragen werden, erfordern das Können von nicht weniger als sechs Arbeitern und mehr als einen Monat Arbeit. Sie werden vollständig von Hand gefertigt. Die Reiter tragen glänzende Stiefel, die aus der Werkstatt des gleichen Handwerksmeisters stammen (oben rechts).

Am Rande der Steppe gelegen, aus der ein Großteil der hier verarbeiteten Wolle stammt, ist Tlemcen
die Weberstadt par excellence. Ob Alltagskleidung wie der Burnus oder festliche Seidenkostüme für den
besonderen Anlass, die Zunft der Weber steht für eine lange Tradition. Keine Brautaussteuer ist vollständig
ohne den bourabah aus reiner Schurwolle, den mharbel oder den bunten hachaichi aus Baumwolle (links).
Das edelste aller Handwerke ist jedoch fraglos jenes des Teppichwebens und -knüpfens. Die Brüder Brikci
pflegen die mehr als fünfhundert Jahre alte Tradition ihrer Vorfahren (oben).

GHARDAIA

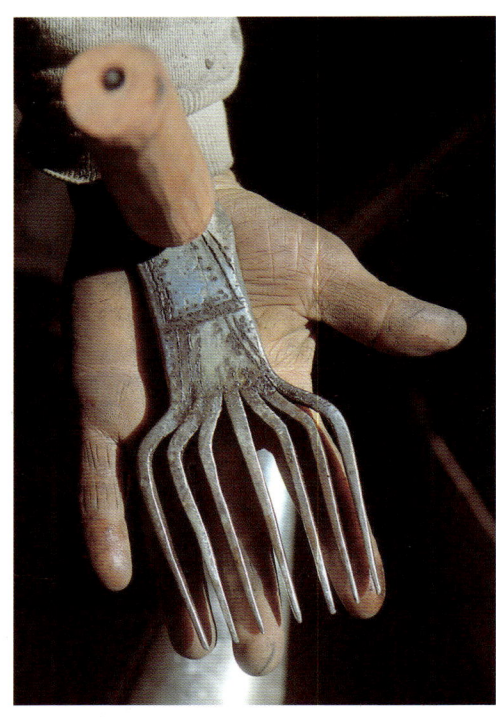

Bei der Herstellung eines Teppichs ist die Karde ein unverzichtbares Werkzeug. Der Metallkamm wird von Generation zu Generation weitergereicht und verlässt niemals die Familie (oben). Ghardaia gehört zu einer Pentapolis, einem Fünfstädtebund. Jede dieser Städte wird im Herzen von ihrer Moschee dominiert, deren Minarett das gesamte Mzab-Tal überragt (rechte Seite).

Weit entfernt von Algier, der »weißen Stadt«, eingepflanzt in den Sand und die Senken des Mzab-Tals, trotzt Ghardaia dem grimmigen Frost des Winters ebenso wie der Gluthitze des Sommers. Die Wüstenstadt bildet zusammen mit den vier benachbarten Städten Melika, Bounoura, El-Atteuf und Beni Isguen eine Pentapolis, deren Hauptstadt sie ist. Mit ihren terrassenförmig gestaffelten Gebäuden erinnern diese Städte auf eigentümliche Weise an Pyramiden. Ihren höchsten Punkt bilden die Moscheen mit den in den makellos blauen Himmel ragenden Minaretten.

Der Legende nach lebte in Ghardaia einmal ein junges Mädchen mit Namen Daia. Als sie ein uneheliches Kind erwartete, zog sie sich, von allen verlassen, in eine Grotte zurück. Eines Tages kam Scheich Sidi bou Gdemma dort vorbei, und als er Rauch aufsteigen sah, betrat er die Grotte. Überwältigt von der Schönheit des jungen Mädchens hielt er um seine Hand an. Zusammen gründeten sie schließlich die Stadt Ghardaia, »die Grotte der Daia«.

In dieser Region leben die Mozabiten nach ihrem eigenen Glauben. Die zum Kharidschismus – einer radikal puritanischen Richtung des Islam – konvertierten Berber haben sich einer anspruchslosen, sittenstrengen Lebensweise verschrieben.

Aischa verbringt ihre Tage mit dem Kämmen und Färben der Schafwolle, die in Bündeln bis vor das Haus gebracht wird. Dann folgen lange Monate, in denen sie, über die Arbeit gebeugt, Teppiche und Decken webt, deren Motive ihr Mann Mahfoud entwirft. »Es sind alles Motive aus dem Leben eines Mozabiten. Die fünf Kerzen stellen die Pentapolis dar. Die Couscousplatte symbolisiert die Gastfreundschaft. Der Koffer, die Fibula, das Bett und der Kamm sind die Aussteuer der Ehefrau. Früher wurden diese Motive für die Gewänder der Männer verwendet. Heute haben sie die Wohnbereiche erobert und erinnern den Hausherrn immer daran, dass seine Frau nicht nur ›Innenministerin‹ ist, sondern dass er Verantwortung für sie trägt und die Pflicht hat, sie zu schützen und für sie zu sorgen.« Mahfoud ist ein aufgeklärter Mann von urwüchsiger Erscheinung. Mit seinem ältesten Bruder betreibt er ein Geschäft in der Innenstadt. In dem Laden mit fast leeren Regalen lädt er den Besucher ein, in die erste Etage hinaufzusteigen, wo Schätze der Mozab-Kunst ausgestellt sind: in Leder eingefasste und mit kunstvollen berberischen Arabesken geschmückte Töpferwaren, bestickte Hausschuhe für die Dame, stapelweise Teppiche und Wandbehänge, Baumwollstolen und vieles mehr.

Ein festes Ritual sind die drei Gläser heißer Tee, die jedem Gast angeboten werden. Die Alten sagen, das erste Glas sei »bitter wie der Tod«, das zweite »süß wie das

Der Markplatz ist das Herz der Stadt. Hier herrscht außerhalb der Gebetsstunden ein reges Kommen und Gehen. Beim Ruf des Muezzin verwaist der Platz. Der Wind faucht durch die schmalen Gassen und verliert sich in der Weite der großen Freifläche, wo die Böen einen Staubteppich aufwirbeln, der sich über alles legt. Frauen sieht man hier selten; sie ziehen die Zurückgezogenheit ihres Heims dem Treiben der Straße vor, wo ihnen das Gesetz vorschreibt, den haik zu tragen, einen Schleier, der nur das linke Auge freilässt.

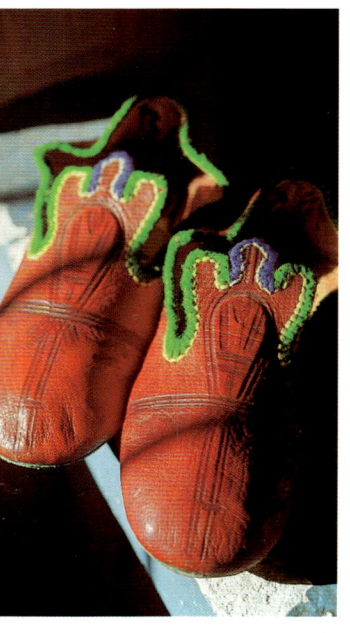

Aus der Werkstatt von Boual Brahim ben Slimane kommen mit Schafsleder überzogene und mit Intarsien verzierte Schachteln (oben) sowie Hausschuhe, die für die Aussteuer bestimmt sind (unten).

Leben« und das letzte »geheimnisvoll wie die Liebe«. Sobald der Muezzin die Einwohner zum Gebet ruft, füllen sich die Straßen mit Männern, eingemummt in ihre abgenutzten und steif gewordenen Kaftans, auf dem Kopf den weißen Fes. Zwei Stunden lang verharrt die Stadt täglich in regungsloser Stille. Die Zeiten des Gebets sind ein Schwebezustand, der das öffentliche Leben fünfmal am Tag zum Erliegen bringt.

Schließlich geht jeder wieder seinem Alltagsgeschäft nach. Auf dem Marktplatz breiten die Obst- und Gemüsehändler abermals ihre Waren aus. Orangen, Äpfel, Klementinen, Bananen, Fenchel, Blumenkohl, Kürbis, Rüben, Oliven, Zwiebeln, Artischocken, Sellerie und getrocknete Peperoni zeugen von der Fruchtbarkeit des Landes. Auf ihren Karren bieten die Apotheker Heilkräuter an. Bereits im Alter von zwei Jahren besuchte Sallah die »École des Plantes«, die Pflanzenschule. Sein Bart verdeckt den kurzen Hals, seine Augen verschwinden hinter dicken Brillengläsern. Schweigend und mit nahezu religiöser Andacht warten seine Kunden in der Schlange. »Wer an der Reihe ist, beugt sich zu meinem Ohr herab und flüstert mir das Übel zu, das ihn plagt.« Sallah bremst Haarausfall, vertreibt düstere Gedanken, beseitigt Migräne und möchte niemanden über Arthritis jammern hören. Seine Heilkünste sind über jeden Zweifel erhaben – dies beteuert zumindest die Menge, die sich an seinem Stand drängt. Darauf liegt seine Medizin: Kurkuma, Kamille, Beifuß, Ingwer, Rosmarin, Lavendel … Auch die Magie gehört zu den zahlreichen bewährten Heilmethoden der praktizierenden Ärzte. Die Wüsteneidechse dient als Fetisch, der, an der Haustür aufgehängt, vor dem bösen Blick schützt. In Gazellen-, Hyänen- oder Wüstenfuchsfell gehüllte Talismane oder Koranverse trägt man um den Hals oder in der Tasche, wenn man möchte, dass ein Wunsch in Erfüllung geht.

Koulla träumte lange Zeit davon, im unteren Teil der Stadt auf der Aissa-Amieur-Straße ein Geschäft zu eröffnen. Schließlich verwirklichte der Messingschmied seinen Traum, indem er – den Talisman am Gürtel – einen brandneuen Laden erwarb. Der Raum ist erfüllt vom rhythmischen Schlagen des Hammers auf das matt schimmernde Messing. Die hier gefertigten Produkte sind vor allem Gebrauchsgegenstände; ihre Funktion siegt allerdings meist über die Schönheit des Objekts. Vasen, Tabletts von bis zu zwei Metern Durchmesser sowie Couscoussièren mit spitz zulaufendem Deckel werden am häufigsten nachgefragt. Koulla ist ein Meister in der Herstellung von Wasserkannen, die zum Händewaschen nach den Mahlzeiten dienen. Sein Bruder Ahmed ist sehr stolz auf ihn. Mit seinen siebzig Jahren verbringt der ehemalige Messingschmied den größten Teil seiner Zeit damit, vor der Haustür auf und ab zu gehen und bis über beide Ohren grinsend große Reden zu schwingen.

Der alte Herr ist schon lange mit dem Nachbarschmied befreundet. Yahia schlägt mit all seiner Kraft auf ein noch glühendes Stück Metall ein. Jeder Schlag lässt eine Funkengarbe aufsprühen, die für einen kurzen Moment sein von der Anstrengung verzerrtes Gesicht erhellt. »Heute habe ich fünfzig schmiedeeiserne Zeltstangen für Beduinen aus Saudi-Arabien anzufertigen. Ein so großer Auftrag ist ziemlich außergewöhnlich. Hier in Ghardaia arbeite ich die meiste Zeit als Scherenschleifer. Die Leute haben wenig Geld, also schärfe ich Messerklingen, Beile und Wollkämme. So muss man sich halt behelfen … aus Alt mach Neu!«

Der Boden der Werkstatt ist übersät mit Federn, die keiner Mechanik mehr dienen, Getriebeteilen von ausgeschlachteten Lastwagen und einer dicken Schicht Feilspänen.

Alles ist schmutzig und schmierig, und auch an den Händen des Schmieds hat die jahrzehntelange harte Arbeit Spuren hinterlassen.

Wenn der Tag zu Ende geht, versammeln sich die Männer in der Oase von Ghardaia. Vier große Palmenhaine mit gut 60 000 Dattelpalmen bieten dort, wo eigentlich der Wüstensand regiert, Erfrischung und üppiges Grün. Das Wasser versiegt hier nie und wird über ein ausgeklügeltes System von Kanälen und Brunnen in alle Winkel der Stadt verteilt. Das fortwährende Quietschen der Seilwinden an den 3 000 Brunnen in Ghardaia haben die Menschen derart verinnerlicht, dass sie es den »Gesang des Mzab« nennen – eine kleine Melodie aus dem Herzen der Mozabiten.

Die Mozabiten sind eine enge Gemeinschaft. Keine Hochzeit wird unter Ausschluss der Gruppe vollzogen. Die Harmonie beruht auf sozialer Gleichheit, Solidarität und Arbeit.

Abseits des großen Marktplatzes besteht der Basar aus einem Geflecht von Gassen und vielen überdachten Passagen. Männer wie Frauen tragen eine Kopfbedeckung aus Achtung vor ihrem Gott. Der nur einen Steinwurf vom Marktplatz entfernte Souk ed-Dellada bietet alles, was der Gaumen begehrt (rechte Seite). Die Gassen werden von fliegenden Händlern beherrscht, die eine beeindruckende Auswahl an Obst und Gemüse bieten – ein Beleg dafür, dass die Mozabiten leidenschaftliche Gärtner sind.

Linke Seite, von links nach rechts und von oben nach unten: Slimane Jalnami verkauft Wolle, die für die Herstellung von Teppichen und Ganduras bestimmt ist. Bereits seit vierzig Jahren betreibt M. Hamadi auf dem Marktplatz einen Laden. Er ist bekannt für die Qualität seiner Kleider: Burnusse aus Kamelhaar, die von den Männern zum Schutz vor der klirrenden Winterkälte getragen werden, und den cashabi, eine sommerliche Ausführung des Burnus. Karaomar Kassem ist Kräuterhändler in der El-Haoues-Straße. Er weiß nahezu alles über Heilpflanzen. Seine Kunden strömen von allen Seiten herbei, um das geeignete Mittel gegen kleine und große Leiden zu finden (oben). Koulla bearbeitet seit seiner Kindheit Messing, so wie es auch schon sein Vater und Großvater taten.

KAIROUAN

Das Markenzeichen von Kairouan sind die Teppiche (oben). Das Handwerk ist den gewandten Händen der Frauen vorbehalten (rechte Seite), die bereits in früher Kindheit von ihren Müttern in das Metier eingewiesen werden. Mit großem künstlerischem Geschick führen sie den Schussfaden, knüpfen Wollfäden ein und kombinieren Farbtöne.

Kairouan, die Heilige, entzieht sich den Blicken der Neugierigen und der Ignoranz der Gottlosen durch eine drei Kilometer lange, schier unüberwindbare Mauer, die die Stadt umschließt. Wie behutsam abgesetzt liegt sie da in der Unermesslichkeit der ebenen Steppe, in der kein Relief den Wind bricht. Im Winter intonieren die stürmischen Böen in den engen Gassen eine klangvolle Melodie.

Kairouan ist eine Stadt der Kunst und des Handwerks. Ihre Bewohner haben sich dem Vermächtnis ihrer Gründer als würdig erwiesen, indem sie das authentische Gesicht der Stadt bewahrten. Das schönste und augenfälligste Beispiel dafür sind zweifelsohne die berühmten Teppiche von Kairouan.

Das gesamte handwerkliche Leben spielt sich rund um die Große Moschee ab. Sie wurde im Jahre 670 von dem Heerführer Sidi Uqba ibn Nafi erbaut, nachdem er Kairouan den begehrten Status als Hauptstadt des arabisch-muslimischen Ifriqija verliehen und sie zur heiligen Stadt des Islam erklärt hatte. Die Moscheen Kairouans – 150 an der Zahl – sind an ihren grünen Eingangstüren zu erkennen und heute das Zeichen für den spirituellen Glanz Kairouans. Am imposantesten aber ist die Moschee Sidi Sahbi mit ihrer monumentalen Gestalt. 110 Stufen führen hinauf zum Minarett, wo der Muezzin seine Homilien singt; 17 Eingänge schließen sich tagaus, tagein hinter den herbeiströmenden Gläubigen, 600 Säulen aus rosafarbenem und schwarzem Marmor gemahnen an göttliche Herrlichkeit und Strenge. Der Minbar, die Kanzel des Imam in der Gebetshalle, ist ein einzigartiges Stück, eine Schnitzarbeit ganz aus Zedernholz. Er gilt als ältester Predigtstuhl des Islam.

Nicht weit entfernt von der Großen Moschee befindet sich der Brunnen Bir Barouta, dessen Winde sich im ersten Stock eines Wohnhauses befindet. Jeden Tag bewegt sich ein Dromedar die Treppe hinauf, um oben das Schöpfrad anzutreiben. Das Brunnenwasser ist von bemerkenswerter Reinheit. Der Legende nach steht die Quelle in Verbindung mit Zemzem, der heiligen Quelle in Mekka, und verfügt darum angeblich über die gleichen heiligen Kräfte. »Wasser aus diesem Brunnen zu trinken bedeutet, dass man eines Tages nach Kairouan zurückkehrt, und kehrt man siebenmal zurück, erspart sich der Muslim den Hadsch nach Mekka. Es ist auch eine gute Gelegenheit, seine Wünsche zu äußern; möge Allah sie erhören.« Die Empfehlung des Brunnenwärters wird offenbar ernst genommen: Das Tier, das mit regelmäßigem Schritt das hölzerne Rad antreibt, ist über und über mit bunten Foulards und Stoffen behängt, jeder steht für die Bitte eines Pilgers.

Die Welt draußen gehört den Einkäufern und Touristen. Im Angebot ist alles, was der Besucher von einer Stadt erwartet, in der das Kunsthandwerk besonders populär ist – Kupfer- und Messingwaren, Silberschmuck, Stoffe, Lederwaren, Sitzkissen. Man muss schon abseits der Hauptstraßen suchen, um in das Reich althergebrachter Traditionen und Fertigkeiten zu gelangen. Doch die Werkstätten öffnen sich nicht dem ersten neugierigen Blick; man muss sich den Zugang verdienen, muss hineingebeten werden in die zurückgezogene Intimität dieser Virtuosen und Hüter eines jahrhundertealten und immer noch lebendigen Kunsterbes.

Im Schneidersitz hocken vier Frauen auf zerschlissenen Kissen in klösterlicher Stille an ihren Webstühlen. Essia fertigt schon seit ihrem zehnten Lebensjahr Teppiche. Heute feiert sie ihr 50-jähriges Arbeitsjubiläum – fünf Jahrzehnte, in denen ihr der Webstuhl zum treuesten Verbündeten wurde, zum verlässlichen Diener der

Die Qualität eines Teppichs richtet sich nach der Knotendichte pro Quadratmeter, aber auch nach der Knüpftechnik und Kreativität der Handwerkerin. Die Motive sind geometrische Ornamente oder aus dem Pflanzen- und Tierreich abgeleitet.

strengen Gesetze der Weberei. Geschickt führen ihre flinken Hände den Schussfaden aus Baumwolle, knüpfen die Wollfäden ein, schieben den Faden mit dem schweren Rietblatt an das Gewebte heran und schneiden die Knoten mit eifrig klappernder Schere. »Wir müssen die Anzahl und die verschiedenen Farben der Knoten einer Reihe auswendig kennen. Dieses Verfahren wird schon seit Urzeiten von der Mutter zur Tochter weitergereicht«. Die Qualität des fertigen Teppichs richtet sich nach der Dichte der Knoten pro Quadratmeter, der Festigkeit des quer verlaufenden Fadens, der perfekten Geometrie des Musters sowie nach dem Gesamteindruck des Werkes. Man unterscheidet drei verschiedene Teppicharten in Kairouan, die naturfarbene *zerbiya* und die aus ungefärbter Wolle gefertigte *alloucha* – beide werden aus sehr feiner Schafswolle gewebt – sowie den kurzflorigen *mergoum*. Die Frauen lassen sich gern von religiösen Motiven inspirieren und verwenden oft geometrische Ornamente, wie man sie auch in der Großen Moschee findet.

Tausende von Produkten verlassen jährlich diese Ateliers. Die edelsten und wertvollsten werden exportiert, während die klassischen, schlichten Modelle für den täglichen Gebrauch und für die Mitgift bestimmt sind. Doch wie viele Stunden, Wochen oder Monate dauert es, so einen Teppich herzustellen? »Das ist nicht wichtig: Zeit hat keine Bedeutung, allein das Ergebnis zählt. Wir fühlen uns als Diener einer Mission; wir sind sozusagen die Schöpfer einer Tradition.« Diese Künstlerinnen sind die Garanten für das Ansehen der Stadt. Und während Essia spricht, wird ihre ergebene Demut deutlich – eine ungewöhnlich disziplinierte Arbeiterin.

Madame Omrani ist eine echte Kairouaner Persönlichkeit. Sie betreibt die angesehenste Pâtisserie der Region. Bereits seit mehr als einem Jahrhundert ist sie im Familienbesitz. Vollständig verschleiert trägt die Chefin jeden Morgen hinter ihrer Registrierkasse dafür Sorge, dass die süßen Köstlichkeiten in ihrem exquisiten Laden durch frische Ware ausgetauscht werden. Der Ruhm ihrer Backwaren steht dem der Teppiche in nichts nach. Kiloweise tragen die Kunden *makruds* aus ihrem Geschäft in der Innenstadt. Das mit Datteln gefüllte Kleingebäck aus Grieß wird noch lauwarm gegessen und verwöhnt die Sinne, ein gehaltvolles, süß-saftiges Gebäck, das an die Kindheit erinnert. »Zu unseren regionalen Spezialitäten gehören diese mit Haselnüssen gefüllten und in Honig getränkten *baklawa*, und dort die *samsas*, mit einer Mandelpaste gefüllte Filoteigtäschchen, und da weiter hinten im Laden die *bouza*, eine Art Haselnusscreme.«, erklärt die Ladeninhaberin voller Begeisterung. In der Backstube rollt ein Bäcker lange Teigwürste, die in Stücke geschnitten und in heißem Öl ausgebacken werden, um anschließend in Honig gewendet zu werden. Seine geschwellte Brust verrät den Stolz auf die tägliche Produktion, schließlich strömt ganz Kairouan in das Geschäft, um sich an den Früchten seines Könnens zu delektieren. »*Makruds* haben aus einem ganz einfachen Grunde der Zeit und den vielen Eroberungswellen widerstanden: Sie sind eine Mischung aus Weizenmehl, das aus dem Norden des Landes stammt, Datteln, die im Süden kultiviert werden, und Olivenöl aus dem Sahel. In diesem Sinne symbolisieren sie ganz Tunesien. Wer sie isst, drückt damit seine Verbundenheit mit dem Vaterland aus. Ganz zu schweigen von der aphrodisischen Wirkung der *makruds* …«

Wie in jeder traditionellen arabischen Stadt sind die edlen und reinen Gewerbe in unmittelbarer Umgebung der Großen Moschee angesiedelt, während die vermeintlich

unreinen Aktivitäten an den Stadtrand verbannt sind. So haben sich auch die Messing-
und Blechschmiede außerhalb des Festungswalls niedergelassen. An der großen Ver-
kehrsader aneinandergereiht, erkennt man ihre Werkstätten an den sich auftürmenden
Gerätschaften, die den Gehweg versperren. Männer jeden Alters hämmern unermüd-
lich die zwischen ihre Knie geklemmten Gegenstände, um sie in die perfekte Form zu
bringen. »Ich bin achtzig Jahre alt und seit meinem fünfzehnter Lebensjahr Blech-
schmied. Dieses lärmende Getöse ist ein Teil von mir. Jeder dieser Töne ist ein Schlag
meines Herzens!« So spricht Nourdin, ein alter, zahnloser Mann, den Rücken von vielen Jahren mühseliger Arbeit gebeugt, doch immer noch mit stolzen und sicheren
Bewegungen. Jeden Monat kauft er etwa 100 Kilogramm Kupfer aus Tunesien, das er
mit Zinn legiert. »Und dann verwandle ich das Metall in ein komplettes Küchenge-
schirr. Man nennt es das ›Hochzeitsdutzend‹ – zwölf Teile, die in der Brautausstattung
und in jedem guten Haushalt unerlässlich sind.« Wenn die Bronzeschmiede keine
Produktionsaufträge haben, dann bessern sie aus. Einmal im Jahr, kurz vor Beginn des
Ramadan, wird das Geschirr geputzt, damit es die Speisen nicht beschmutzt. Darum
bringt jede Familie ihre Utensilien zum Fachmann, der sie mit Baumwolltüchern
poliert und putzt, bis sie wieder wie neu erstrahlen.

»Eigentlich sollte ich schon seit ich weiß nicht wie vielen Jahren im Ruhestand
sein, doch ich weiß genau, dass ich auf diesem Stuhl und nirgends sonst meinen letzten Atemzug tun werde.« Während er schicksalsergeben auf diesen Moment wartet,
weiß Nourdin jedoch, wie er die Beschwerden des Alters lindern kann. Er geht regelmäßig zu seinem Freund und Kräuterhändler Abderrazak Bhar, einem Geschäftsmann
von untadeligem Ruf. Er kennt die Geheimnisse der Pflanzen und heilt mit ihnen
angeblich alle erdenklichen Krankheiten. Schon seit 42 Jahren betreibt er seinen
Laden; die Rohware bezieht er aus der ganzen Welt. »Meine besten Kunden sind
Ärzte. Sie kommen, um mich um Rat zu bitten, und kaufen alles Mögliche, um ihre
Leiden zu kurieren.« Sein Geschäft platzt aus allen Nähten vor Bündeln mit Wurzeln,
Gräsern und Blüten. Da die ärztliche Schweigepflicht gilt, wird jeder einzeln behan-
delt und das Gespräch zwischen Patient und dem Straßendoktor im Flüsterton geführt.
Jedem rät er eindringlich zur strikten Befolgung seiner Verordnungen und empfiehlt
stets, so oft wie möglich in den Hammam zu gehen.

Vor den Toren der Medina, in einem prächtigen Gebäude mit leuchtend weiß
gekalkter Fassade, befinden sich die Dampfbäder. Die Frauenbadetage bieten eine
willkommene Gelegenheit für den weiblichen Teil der Familie, sich mit Nachbarinnen
und Freundinnen zu treffen. Entspannt verbringen sie Stunde um Stunde in den
Schwitzbädern. Mit Sorgfalt und großem Eifer seifen die betagteren Frauen die jungen
Mädchen im heiratsfähigen Alter ein und massieren sie. Jede Frau muss ihren eigenen
Waschlappen mitbringen, die im Souk gewebte und bestickte *kessa*, auch dies eine
Spezialität aus Kairouan. Klatsch und Tratsch versiegen nie, und die Fröhlichkeit des
Momentes hallt in dem glucksenden Gekicher wider, das der feuchte Dunst absorbiert
und in ein eigenartig plätscherndes Gurgeln verwandelt.

»Kairouan, kein einzelner Eindruck, sondern ein Ganzes. Ein Auszug aus Tausend-
undeiner Nacht, ein Duft, so durchdringend und so erhellend zugleich«, notierte der
Maler Paul Klee, den das Licht Kairouans stark inspirierte, auf seiner Tunisreise 1914.
Es scheint, als leuchte dieser Glanz noch immer in den Augen der Einwohner.

Bei makruts *werden alle
Tunesier schwach. Das
Gebäck aus Grieß und
Datteln gehört zu den
beliebtesten Köstlichkei-
ten des Landes (oben).
In Öl gebackene und
mit Honig getränkte
Kuchen verlassen die
Pâtisserien Kairouans
(unten).*

Die heilige Stadt Kairouan ist ein bedeutender Wallfahrtsort. Die Große Moschee oder Sidi-Oqba-Moschee gilt als die älteste Gebetsstätte des Okzidents (linke Seite oben). Jeder Heilige (Marabut) wird nach dem Tod durch die Errichtung eines Mausoleums geehrt, an dem die Menschen um Schutz und die baraka bitten, den göttlichen Segen. Die an ihren Kuppeln erkennbaren, gekalkten Gebäude werden auf jede sich bietende Freifläche der Medina gebaut (oben). Das Familienleben spielt sich hinter verschlossenen Türen ab. Die Straße ist ein Ort des Handels und Austausches, wo die Männer gerne stundenlang schwatzen, während die Frauen sie nur betreten, um Besorgungen zu machen (linke Seite, unten). Dafür verfügen sie in der Familie über die uneingeschränkte Herrschaft.

*Die Große Moschee Sidi Oqba wurde in mehreren Bauphasen zwischen 670 und 862 errichtet. Sie ist eine der beeindruckendsten Moscheen der islamischen Welt.
Sieben Reisen nach Kairouan können die für jeden Gläubigen obligatorische Pilgerfahrt nach Mekka ersetzen. Tausende Gläubige lassen sich in unmittelbarer Nähe
der heiligen Stätte auf einem riesigen Friedhof mit weiß gekalkten Grabsteinen begraben (oben).*

Die Altstadt wird im Süden durch das Märtyrertor, Bab ech-Chouhada, begrenzt. Wer die 1 000 Jahre alten Befestigungsmauern aus roten Backsteinen hinter sich gelassen hat, gelangt in den Bezirk der Souks (linke Seite). Die Welt der Händler liegt in der Medina zu Füßen von insgesamt 150 Moscheen (oben). Durch die moucharabiehs können die Frauen entspannt das Treiben auf der Straße beobachten, ohne sich neugierigen Blicken auszusetzen (unten).

TUNIS

Der Fes ist das Produkt der ältesten und ehrwürdigsten Handwerkszunft in Tunis: der Hutmacher (oben). Rot und grün gestrichene Säulen, Pilaster und Türen kennzeichnen einen heiligen Ort. Grün verkörpert das Paradies, Rot die Hölle (rechte Seite).

Tunis ist eine einzige große Bühne des Lichts, die jeden, der die Stadt durchwandert, unaufhörlich täuscht. Sonnengetränkte Straßen, in denen das blendende Weiß der gekalkten Häuserfassaden das gleißende Licht reflektiert, fallen unvermittelt in tiefen Schatten, wo die Architektur sich der Sonne in den Weg stellt. Es dauert einige Zeit, bevor sich die Welt der Souks in der tunesischen Hauptstadt dem Besucher öffnet.

Die Medina von Tunis ist 1400 Jahre alt. Der Handel konzentriert sich auf das Gebiet zwischen Bab Souika und der Avenue Bab Djedid, von der Place d'Afrique bis zur Porte de France. Das Angebot in den überfüllten Läden und an den voll beladenen Ständen ist so groß, dass die Verkäufer dahinter kaum auszumachen sind. Scheinbar, um die fragile Ordnung der Dinge zu bewachen, bleiben sie den ganzen Tag auf ihren altersschwachen Hockern sitzen. Allein ihre anpreisenden Lockrufe, die sie den potenziellen Kunden zuwerfen, erinnern an ihre Anwesenheit. »Hier, meine Djellabas sind klimatisiert!«, »Schauen Sie sich meine fliegenden Teppiche an!« Die Händler von Tunis scheinen nach der Maxime zu leben: »Gut angepriesen ist halb verkauft.«

Zum Schutz vor dem bösen Blick wird den ganzen Tag lang am Eingang der Läden Weihrauch verbrannt. Das ohnehin schon spärliche Licht in dem Labyrinth der Gässchen trübt sich, während die bläulichen Rauchspiralen ebenso flüchtige wie kunstvolle Arabesken in die flimmernde Luft zeichnen. Der Souk Attarine gehört den Parfümeuren. Er gilt als vornehm, da er an ein altehrwürdiges Heiligtum grenzt, die Große Moschee. Seit dem 13. Jahrhundert versorgen sich die Frauen auf diesem Markt mit Essenzen und Extrakten aus Geranien- oder Rosenblüten oder mit Erzen und Pflanzen, aus denen sie allerlei Schönheitsmittel herstellen. Man findet auch alle möglichen Amulette zur Vertreibung der Dschinns, der bösen Geister und Dämonen. Auch Khamsa, die Hand der Fatima, der Fisch und sogar das Kreuz, ein christliches Erbe aus Rom, sollen Schutz gewähren. Die Auslagen der Geschäfte sind überfüllt mit Gegenständen in allen erdenklichen Formen, die diese Symbole tragen: Schmuck, Schlüsselanhänger, Figurinen aus besticktem Filz, präparierte Fische – Dinge, die man in nahezu jedem tunesischen Haushalt findet.

Unmittelbar an den Markt der Parfümeure schließt sich der berühmte Souk Chaouachin an. Ausschließlich der Herstellung der traditionellen Filzkappen gewidmet, reihen sich die Handwerksbetriebe zu einer einzigen langen Galerie. Ein Geschäft ist schöner als das andere. Der Stil der bemerkenswerten, kunstvoll gearbeiteten Holzvertäfelungen erinnert an längst vergangene Zeiten. Bukolische Szenen in Pastellfarben, die von Meistern des französischen Rokkoko wie Boucher oder Fragonard inspiriert sein könnten, kleiden die Wände in ein schönes Gewand.

Die Porte de France markiert die Grenze zwischen Medina und der neuen Stadt. Eine Seite des monumentalen Bogens ist dem Meer und den vom Autoverkehr verstopften Straßen zugewandt. Zur anderen Seite beschirmt er die 1400 Jahre alte Welt des Handels, zu der nur Fußgänger Zutritt haben. Die Souks liegen an der Rue Djamaa-ez-Zitouna, einer engen Gasse, in der kaum zwei Menschen nebeneinander Platz haben.

Rund um die Große Moschee, das heilige Zentrum der Stadt, sind aufgrund der religiösen Tradition nur die ehrwürdigsten Gewerbe zugelassen.

Ghariani Noureddine ist der *amin*, der offizielle Repräsentant der Gilde der Fesmacher. Sein Amt stattet ihn mit weitreichenden Befugnissen aus: Auf Lebenszeit gewählt, ist er der Chef der mächtigsten aller Zünfte. »Wir verkörpern die Seele der Filzkappen, mit denen Millionen von Muslimen ihr Haupt schmücken. Daher unsere große Bedeutung«, sagt der alte Herr mit der für seinen Rang gebotenen Würde und Bestimmtheit. Kaum jemand kennt die Geschichte der traditionellen Kopfbedeckung besser als Ghariani: »Im 13. Jahrhundert stützte der Fes noch den Turban. Dann trug man ihn als eigenständiges Kleidungsstück. Damals waren diese Kappen noch recht hoch und mit einer Quaste versehen. Heute ist der Fes sehr viel kleiner, und die Quaste ist verschwunden.« Ab einem gewissen Alter verlassen die tunesischen Männer das Haus nicht mehr ohne Kopfbedeckung. »Der Fes ist gut für die Gesundheit. Wer ihn trägt, hat niemals Probleme mit den Zähnen, der Nase oder den Ohren. Die Wärme, die er spendet, schützt vor Krankheiten.« Eine Behauptung, die aus dem Mund des alten Mannes wie eine offenkundige Tatsache klingt.

Seinerzeit begründeten die Regierenden in Tunis mit dem Export von Fesen den Reichtum der Stadt. Sie nutzten Handelskontakte mit dem Osten der arabischen Welt, mit den südlicheren afrikanischen Ländern und sogar mit Europa. Statt sich damit zu begnügen, die Köpfe von Touristen zu kleiden, die sich nach etwas Exotik sehnen, setzt der »Präsident der Kopfbedecker« auf den Export im großen Stil. Im libyschen Tripolis sind die Fese schwarz, für die Bewohner von Bengasi müssen sie dunkelrot sein. »Die sehr hellen Rottöne sind für die bürgerliche Schicht von Tunis bestimmt. Wir verkaufen sie aber auch im Senegal und nach Nigeria.« So ernährt die Branche zahlreiche Handwerker, die die jahrhundertealten Handgriffe mit einer Sorgfalt und Hingabe anwenden, die fest ihrem Glauben verwurzelt sind.

Da sind zunächst die Frauen, die die Wolle karden und spinnen und anschließend riesige Kappen, die *qabbous*, daraus stricken. Diese Rohlinge werden zu Hunderten an die Werkstätten geliefert, wo sie von den Männern in große Becken mit kochend heißem Wasser getaucht werden, damit die Wolle verfilzt. Nach dem Bad wird der Rohling

vom *chaouachin*, dem Fesmacher, mit getrockneten Kardendisteln aufgeraut. Mit gleichmäßigen, sanften Bewegungen bürstet er die Kappe, bis sich ein weicher Flaum gebildet hat. Dann wird das Produkt mit dem Warenzeichen versehen. Der Name des Herstellers steht neben einer Art Firmenlogo, einem geometrischen Zeichen, dem *nicham*. Dieser Zusatz ist wegen der Ähnlichkeit vieler arabischer Namen zur Unterscheidung unerlässlich.

Nur einen Steinwurf entfernt stehen die Färber mit schweißnassen Gesichtern über gigantische Bottiche gebeugt. Das kochende Wasser verströmt dichte Dunstschwaden, alles ist klamm und tropfnass, der Boden von knöcheltiefen, blutroten Rinnsalen bedeckt, die nach jedem Spülgang abfließen.

Nachdem die *chechias* in einer Alaunlösung imprägniert wurden, taucht man sie in ein Pigmentkonzentrat. Rot gewinnt man aus der Koschenillelaus, die auf den Kanarischen Inseln auf Kaktusplantagen gezüchtet wird. Die Arbeiter rühren mit langen Rechen in dem Gebräu, damit es seine ganze Färbekraft entfalten kann. Mit riesigen Keschern werden die Fese dann aus der Lösung herausgefischt und mit bloßen Füßen ausgewrungen. Zuletzt werden die Filzkappen über zylindrische Formen aus Ton gestülpt und im Ofen getrocknet. Nach diesem Prozess kommen die Kappen zurück in die Fesmachereien, wo sie noch gekämmt und gebürstet werden. Dann werden sie akkurat zusammengelegt, bevor sie in die Presse wandern, die vom Körpergewicht des mit dieser Aufgabe betrauten Arbeiters beschwert ist. Die gesamte Herstellung der traditionellen Filzkappen zieht sich über einen Monat hin und erfordert den Einsatz und das Know-how eines ganzen Bataillons von Handwerkern.

Die Anordnung des Souks ist kein spontanes Werk, das sich aus dem zufälligen Nebeneinander der Geschäfte und Betriebe ergibt, sondern ein als Lebensraum entworfenes, harmonisches Ganzes. Ihr ganzes Leben verbringen die Menschen dort, ihrem Schicksal ergeben und ohne den Wunsch, daran etwas zu ändern. Der Stolz und das Streben, die Errungenschaften der Familie und die Tradition zu wahren, ist der Motor ihres Lebens.

Der zentrale Markt befindet sich außerhalb der Medina. Die Stände der Schlachter folgen auf die der Gemüsehändler und Fischverkäufer. Das überreiche Angebot an Meeresfrüchten, aufgereiht in perfekter Geometrie, verdankt sich der Nähe zum Mittelmeer.

Im Souk Chaouachin sind die Läden und Werkstätten dicht aneinandergedrängt. Die Herstellung und der Verkauf von Fesen bestimmen dort das ganze Leben (oben und rechts). Die Frauen stricken zunächst aus Merinowolle die qabbou genannten Rohlinge (rechte Seite), die anschließend an die Fesmachereien weitergegeben werden. In einem Bad aus kochendem Seifenwasser schrumpfen die riesigen Mützen auf ein Drittel ihrer ursprünglichen Größe. Nach dem Filzen wird die Oberfläche mit Kardendisteln aus Bizerte gekämmt. Um dem Produkt den letzten Schliff zu geben, wird der Flor mit Hilfe einer Schere geglättet (rechts oben). Eine weitere Spezialität aus Tunis sind die Duftwässerchen. Der Souk Attarine beherbergt bereits seit dem 13. Jahrhundert die angesehene Zunft der Parfümeure (unten).

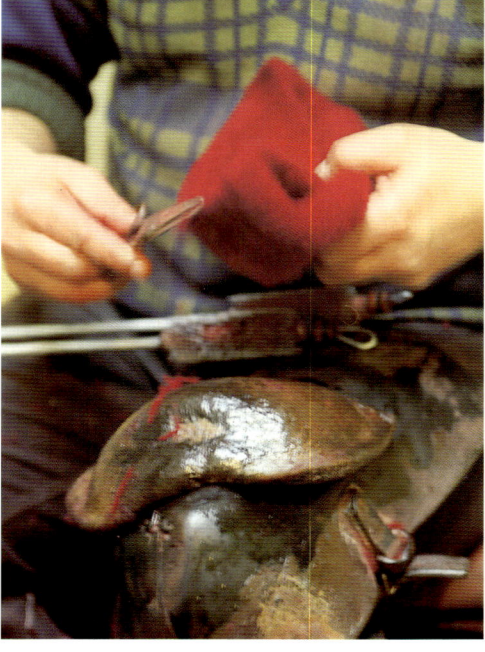

In der Nummer 10 der Rue Dabdaba am Rande der Altstadt von Tunis befindet sich eine Fesfärberei. Im klammen Dunst arbeiten Jung und Alt an großen, mit einer Alaunlösung gefüllten Bottichen, in denen die Filzkappen einweichen. Anschließend folgt das Einfärben in einem roten Farbkonzentrat, das hauptsächlich aus der Koschenillelaus gewonnen wird. Auf einem Schemel kauernd, bewegen die Arbeiter die Hüte stundenlang mit einem Holzrechen in dem brodelnden Sud. Nach dem Färbebad werden die Fese über zylindrische Formen aus Ton gezogen und im Ofen getrocknet. Um sich der hartnäckigen Farbspuren zu entledigen, die ihre Hände und Beine überziehen, waschen sich die Arbeiter mit Eau de Javel – Chlorwasser.

LIBYEN

TRIPOLIS

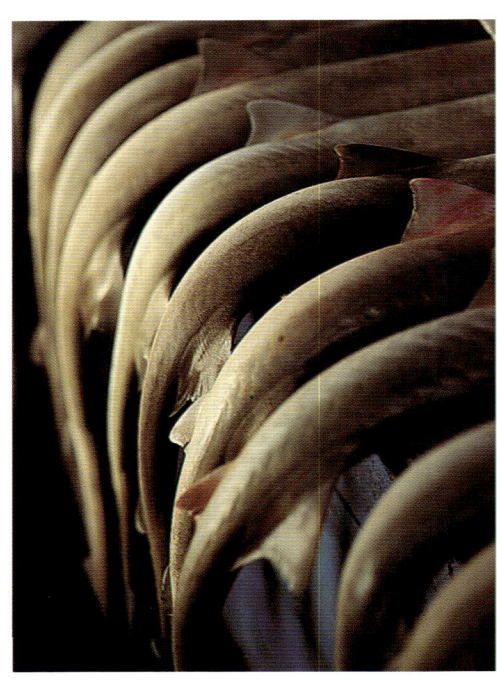

Auf dem Fischmarkt am Ende der al-Fatah Straße warten Meerbrassen, Katzenhaischwänze, Sardinen und Oktopusse auf ihre Käufer (oben). Die Alten, die sich zur Ruhe gesetzt haben, genießen ihre Wasserpfeife und die Betriebsamkeit des Souks (rechte Seite).

Dank seiner maritimen Lage kann man sich Tripolis vom Meer her nähern. Aus der Ferne blendet das Weiß der Häuser in hellem Glanz. Man muss die Augen zusammenkneifen und die Hand schützend an die Stirn halten, um sich zu vergewissern, dass die Stadt dort in der Ferne Wirklichkeit ist. Bald darauf zeichnen sich ihre Konturen ab, die vom Ocker einer massigen Zitadelle dominiert werden. Zu ihren Füßen erstreckt sich ein scheinbar unendliches Häusermeer, eine lange weiße Silhouette, getupft mit Hunderten grüner Punkte – verschlossene Fensterläden, die in der Farbe des Islam leuchten.

Tripolis, die Hauptstadt Libyens, trägt ihr Alter ungeschminkt zur Schau; 2 500 Jahre Geschichte haben sich in ihre Mauern eingraviert. Zweieinhalb Jahrtausende geprägt von Besatzung und der Kreuzung der größten Kulturen. Tripolis stand nacheinander unter dem Einfluss der Karthager, Römer, Byzantiner, Araber, Spanier und Osmanen, bevor es schließlich wieder an die Araber zurückfiel.

Bis zu Beginn des 20. Jahrhunderts bestand die Stadt lediglich aus der Medina, die noch heute das Bild beherrscht. Eingebettet in die moderne Stadt, sticht sie sofort ins Auge. Die Altstadt liegt hinter der Zitadelle und sie beherbergt die ganze Welt des Handels. Man erreicht sie über den Grünen Platz, die berühmte Saha al-Khadra, einem Treffpunkt für Verliebte, die sich am Abend eine Stadtrundfahrt in einer der bunten Kaleschen gönnen, deren Zugpferde der dichte Verkehr nicht zu kümmern scheint. Das gewaltige Tor Bab al-Menschia markiert die Grenze zwischen der heutigen Welt und einer längst vergangenen Zeit, als sich die Städter und die Beduinen aus der Wüste noch gegenseitig neugierig beäugten. Die Basare von Tripolis sind ein Schmelztiegel, ein Ort der Begegnungen und des Austauschs zwischen Menschen aus allen vier Himmelsrichtungen.

Auf dem Souk al-Mushir findet sich eine Ansammlung von Läden, die alles rund um die Hochzeit anbieten. Hoch aufgetürmte Präsentkörbe säumen die schnurgerade Straße. Die großen Körbe aus Weidenruten oder Kunststoff sind gefüllt mit einem Sortiment aus allerlei Schönheitsprodukten und anderen Artikeln zur Körperpflege: Nagellack, Haartrockner, Bürsten, Kämme und Henna ziehen die ungeduldigen Blicke künftiger Bräute auf sich. Das Ganze ist in eine durchsichtige Folie eingewickelt und mit pastellfarbenen Schleifen dekorativ verschnürt. Auch das Pendant für den Herrn ist vertreten, und die Menge, die sich in und um die Läden drängt, belegt die besondere Vorliebe der Libyer für diese traditionellen Geschenke.

Am Ende der Straße verstellt der Uhrenturm den Blick. Das osmanische Bauwerk aus dem 19. Jahrhundert überragt das Viertel der Metallhandwerker. Laut dröhnend kündigt sich der Souk an. Das Stakkato der kraftvoll auf das Metall schlagenden Hämmer

Die osmanische Zitadelle, as-Sayara al-Hamra, spiegelt sich in dem Hafenbecken, an das sich besonders gern junge Liebespaare zurückziehen.
Hinter dem Schloss beginnt die Altstadt mit den Souks. Die Ruhe dieses Ortes steht im interessanten Kontrast zur pulsierenden Geschäftswelt der Händler.

verdichtet sich zu einem ohrenbetäubenden Konzert. Die Handwerker scheinen den Krach jedoch kaum zu hören. Mit Feuereifer und ganz in ihrem Element werkeln sie in der Dunkelheit ihrer Werkstätten. Aus Platzmangel werden ihre Waren auf der an-Na-khasa-Straße gelagert. Riesige, orangerot leuchtende Kessel, mit dekorativen Mustern ziselierte Teetabletts und Halbmonde, die einmal die Kuppeln von Moscheen schmücken sollen, säumen sauber aufgereiht die Mauern.

Kommt die Stunde des Gebets, legen Handwerker und Händler ihre Arbeit nieder und versammeln sich in der Karamanli-Moschee. Die heilige Stätte ist eine der größten und prachtvollsten der Stadt. Die überreich verzierten Fassaden sind dicht mit farben-prächtigen Fayencen besetzt. Der Gebetssaal wird von einem Dach aus 25 Kuppeln überwölbt. Fernab des Trubels auf den Straßen finden die Männer hier innere Einkehr. Anschließend streben sie in die Cafés. Die beliebten Treffpunkte, in denen reichlich Tee und Kaffee getrunken wird, liegen oft direkt über den Geschäften und sind über eine verborgene Treppe zu erreichen. Dort sitzen die Gäste, Wasserpfeife rauchend, hinter *moucharabiehs* vor Blicken von der Straße geschützt, und plaudern stundenlang. Ein lieblicher Duft nach Rosen und Honig erfüllt den Raum, verbreitet von Aromazu-sätzen im Tabak der Wasserpfeifen, der großen Leidenschaft der Libyer.

Am späten Nachmittag, wenn die Hitze allmählich nachlässt, kehrt das Leben in die Straßen zurück. Der Fondouk az-Zarar ist von neuer Betriebsamkeit erfüllt. Der ehemalige Rastplatz der Karawanen aus der Sahara, die hier ihre Waren verkauften und lagerten, ist heute ein Zentrum des Handwerks. Kupferschmiede, Juweliere und Schneider haben die Handelsreisenden und Dromedare ersetzt, die hier logierten. Aus dieser langen Tradition des Handels und Austauschs schöpft Tripolis seinen kulturellen Reichtum. Jeder sechste Libyer ist immigriert. Schwarzafrikaner, Araber, Berber, Tuareg und Mittelmeeranrainer leben und arbeiten hier zusammen und wachen dabei auf-merksam über ihre Sitten und Gebräuche. In der Medina wimmelt es von Menschen, eine wogende Menge von Turbanträgern, in der nur selten die Silhouette einer Frau zu entdecken ist. Und doch halten sich viele Frauen aus dem fernen Tschad und Sudan hier auf, um ihre traditionellen Heil- und Pflegemittel zu verkaufen. Direkt auf dem Gehweg breiten sie ihre Waren aus, deren Zweck und Herkunft oft schwer zu erken-nen ist. Kleine Holzstücke zum Reinigen der Zähne, Töpfchen mit dem kajalähnlichen Khol, mit dem sich die arabische Frau die Augenlider nachzeichnet, und Tütchen mit Henna, besonders an Festtagen unverzichtbar für die weibliche Schönheit.

An anderer Stelle hoffen Händlerinnen, im Schneidersitz auf der Straße hockend, ebenfalls auf gute Geschäfte. Die Frauen sind aus der Wüste angereist, um zu günsti-gen Preisen Goldschmuck anzubieten. Die nach Gewicht berechneten, aber dennoch hochwertigen Ringe, Halsketten, Armbänder und Ohrringe funkeln in der Sonne. In Libyen ist es üblich, wertvollen Schmuck zu verkaufen, wenn das Geld knapp wird, um sofort wieder darin zu investieren, wenn die Familie eine gewisse Summe erübrigen kann. Das Geschmeide dient hier als eine Art Geldanlage.

Die Zahl der Schmuckläden ist groß. Sie sind im Souk as-Sagha zu Hause. Die Vitrinen biegen sich förmlich unter der Last der wertvollen Stücke. Einige Kolliers, die aus einer Reihe schwerer, an einer dicken Kette aufgezogener Medaillons bestehen, wiegen mehr als ein Kilo. Die Frauen tragen sie zur Hochzeit oder zu anderen bedeu-tenden Anlässen.

Gegen Abend, wenn eine laue Brise vom Meer in die Gassen der Medina strömt, ist es Zeit aufzubrechen. Der am Rande der Souks gelegene Triumphbogen des Marc Aurel ist dem Meer zugewandt. Er ist das einzige verbliebene Zeugnis für die Anwesenheit der Römer in Tripolis. Das aus vier zwölf Meter hohen Teilen bestehende Bauwerk ist aus massivem Marmor. Nach einer alten Weissagung hängen die Geschicke der Stadt an der Bewahrung dieses Monuments. Hat man den Bogen passiert, trennt nur noch die stark befahrene Küstenstraße al-Fatah den Spaziergänger vom Mittelmeer. Vor einem liegt das Panorama des Hafens von Tripolis. Riesige Fähren gleiten in Richtung offene See mit Kurs auf Malta, während die Fischerboote von einem langen Tag auf dem Meer zurückkehren. Kähne und Boote aller Größen liegen Seite an Seite im alten Hafen. Auf den Kais befindet sich im Schutz einer Laube der Fischmarkt – oder doch das, was zu dieser späten Stunde noch davon übrig ist. Schon bei Sonnenaufgang warten Seeteufel, Petersfisch, Zackenbarsch, aber auch Katzenhaischwänze, Sardinen, Meerbrassen, Oktopusse und Bärenkrebse auf ihre Käufer.

Sobald die Nacht hereinbricht, gehört die Uferpromenade den Flaneuren, die mit Muße und Gelassenheit den Abend genießen. Die kleinen Lampions der fliegenden Händler leuchten einladend und verführen zu einer kleinen Nascherei. Und da die Tripolitaner höfliche Menschen sind, kommt es nicht selten vor, dass sie ihren Kunden eine Handvoll Bonbons gratis dazugeben. Dieses Lebensart und von Herzen kommende Großzügigkeit sind Grundregeln eines Umgangs, der die gesamte arabische Welt kennzeichnet, mit den Libyern als leuchtendem Beispiel.

Stolz zeigt ein Handwerker das Porträt seiner Vorfahren, die denselben Beruf ausübten wie er (linke Seite oben). In den Souk der Textilienhändler im Karamanli-Viertel (oben) kommen Bauern von weit her, um nach traditioneller Kleidung, Stoffen, Teppichen (linke Seite, Mitte) und Wasserpfeifen zu suchen (linke Seite, unten).

79

Die Medina betritt man durch das Tor Bab al-Menschia (oben). Es führt auf den Souk al-Mushir. Frauen
flanieren hier, um die für die Mitgift unerlässlichen Hochzeitskörbe zu bewundern. Der Uhrenturm erhebt
sich am anderen Ende der Straße und markiert die Grenze zum Souk an-Nakhasa. Dort vibriert die Luft von
Tausenden Hammerschlägen, mit denen Töpfe, Platten, Schüsseln und Kessel bearbeitet werden. Hier
entstehen auch die kupfernen Halbmonde, mit denen die Minarette geschmückt werden (linke Seite,
unten). Es ist eine rein männliche Welt, in der die Metallhandwerker nur mit ihresgleichen handeln.
Der Weg hinaus aus den Souks führt zurück durch das Gedränge zur Uferstraße al-Fatah. Am frühen
Vormittag packen die Fischer im Hafen ihre unverkaufte Ware wieder ein (linke Seite, oben).

ÄGYPTEN

KAIRO

In den zahllosen Cafés Kairos trinkt man je nach Tageszeit *shay*, *einen sehr starken, gesüßten Tee, oder* qahwa, *einen kräftigen schwarzen Kaffee (oben). Das Café el-Fishawi im Khan el-Khalili bietet einen seltenen Anblick: Männer und Frauen genießen hier gemeinsam die* chicha, *die Wasserpfeife, und treffen sich mit Freunden (rechte Seite).*

Von den afrikanischen Metropolen ist Kairo eine der bekanntesten und vor allem die größte. Ihr Name, al-Qahira, „die Siegreiche", ist untrennbar mit den Pyramiden von Gizeh vebunden, die acht Kilometer von den Außenbezirken des Ballungsraums entfernt liegen. Wenn die Sonne einmal den Dunst der Stadt durchdringt, sind die stummen Zeugen der 5 000 Jahre alten Geschichte Ägyptens in der Ferne zu sehen.

Der majestätische Nil fließt mitten durch das Zentrum Kairos. Geräuschlos gleiten darauf Feluken dahin, die traditionellen ägyptischen Boote mit den typischen Lateinsegeln. In der Stadt dagegen tost ein Höllenlärm. Lautes Hupen, fliegende Händler, die wild durcheinander schreien, schrille Schlager, die aus kreischenden Kofferradios tönen. Eine geschäftige und überaus lebendige Stimmung umfängt jeden, der diese Stadt besucht. Die vielen Menschen tragen zu der einzigartigen Atmosphäre bei. Hier flaniert man nicht, man bahnt sich einen Weg durch die Menge.

20 Millionen Menschen leben in der Hauptstadt Ägyptens, und jedes Jahr kommt rund eine Million hinzu. Übervoll wie die Stadt ist, so sind auch die am Ostufer des Nils gelegenen Souks. Sie beschränken sich auf einige Straßen entlang des mythischen Flusses. Seit jeher liegt das Marktviertel dort am Fuße der Al-Azhar-Moschee. Die im Jahre 970 gegründete heilige Stätte gilt als ehrwürdigste Moschee der Stadt und zugleich als älteste Universität der Welt.

Kairo verdankt seine Geltung dem legendären Sultan Saladin, dem Begründer der Aijubiden-Dynastie. Die Stadt entwickelte sich unter seiner Herrschaft zu einer blühenden Handelsmetropole. Kostbarste Erzeugnisse wie Seide, Gold und edle Stoffe konnten in mehr als 12 000 Geschäften erworben werden. Die Vielfalt an Gewürzen war so groß, dass jeder Buchhalter damit überfordert gewesen wäre. Seine Blüte erreichte Kairo Mitte des 17. Jahrhunderts. Damals zählte die Stadt 145 Souks und 360 Karawansereien. Hinzu kamen zahlreiche europäische Faktoreien, die sich in der Stadt niedergelassen hatten.

Es gibt Handwerkerfamilien, die heute in zwanzigster Generation die gleichen Handgriffe pflegen wie ihre Vorfahren. Hassan Raouf ist stolz auf seine Ahnentafel. Im Café el-Fishawi, ein für sein illustres, intellektuelles Publikum bekannter Kairoer Treffpunkt, schwärmt er von der langen Tradition seiner Familie. Zusammen mit seinem Bruder arbeitet er als Glasbläser, eine vom Aussterben bedrohte Handwerkskunst – nur noch vier Familien in der Stadt beherrschen sie.

Obwohl sie das Metier von ihren Vorfahren erlernt haben, verlassen sich die Glasbläser bei der Zusammenstellung der Produktionsstoffe stets auf ihr eigenes Augenmaß. Das gilt auch für den Grad der Verflüssigung, der den Rohstoff erst in eine formbare

In Kairo sind die Cafés zu jeder Tageszeit gut besucht. Der Tabakgeruch mischt sich mit dem Aroma von Kaffee und Minztee. Der Fernseher und die Autohupen in den verstopften Straßen der Stadt verbreiten einen infernalischen Lärm. In den ruhigeren Seitenstraßen genießen die Männer daher die Wasserpfeife, deren Tabak mit Apfel oder Kirsche aromatisiert ist.

*Das Gummiarabikum
stammt aus dem Sudan
und wird in der Phar-
mazie als Bindemittel
verwendet (oben).
Zum Bleichen der
Wäsche wird dem
Waschmittel Kobaltblau
beigegeben (unten).*

Masse verwandelt. Sechs Tage in der Woche arbeitet Hassan an seinem holzgefeuerten Ofen, den er mit eigenen Händen gebaut hat und aus dem immer wieder bedrohlich heiße Flammen hervorzüngeln. Die Hitze in dem Raum ist unerträglich, doch das kümmert Hassan wenig, schließlich ist die weiße Glut die Wiege künftiger Werke. „Die schönsten Gläser der ganzen Stadt kommen aus diesem Ofen!", bekräftigt Hassan ohne falsche Bescheidenheit. Die Auslagen der Geschäfte in dem seit dem 14. Jahrhundert unveränderten Viertel Khan el-Khalili liefern ein eindrucksvolles Zeugnis davon. Eine ganze Armee von Vasen, Karaffen, Flaschen und *muski* genannten Glasphiolen steht gefährlich eng beieinander auf wackeligen Regalen. In allen erdenklichen Farben leuchtet das Glas durch eine dicke Staubschicht hindurch. Die meisten dieser kleinen Kunstwerke stammen aus dem Atelier der Brüder Raouf. Bis zu 30 Kilogramm Glas verarbeiten die beiden Männer täglich und fertigen daraus rund 200 Stücke von höchster Qualität – und zwar mit den typischen Luftblasen, so will es die Tradition.

Jeden Freitag geht Hassan ins Café el-Fishawi, um Wasserpfeife zu rauchen und mit seinen Freunden die Ereignisse der letzten Woche zu besprechen. Auch die Frauen sind mit von der Partie – eine für die arabischen Länder ungewöhnliche Szenerie, sind doch sonst die Geschlechter strikt getrennt. Viele von ihnen rauchen ebenfalls Wasserpfeife, ihre Kleidung ist modisch, doch ihren Kopf verhüllt der traditionelle Schleier. Ins Gespräch vertieft, ziehen sie reihum am Mundstück des mit buntem Garn verzierten Schlauches. Schon der erste Zug lässt das Wasser in dem Glaskörper sprudeln. Es bedarf schon der Versiertheit eines erfahrenen Kellners, um eine Wasserpfeife fachgerecht zu präparieren. Drei Viertel kaltes Wasser, ein Röllchen aromatisierter Tabak, eingewickelt in mehrfach durchlöcherte Alufolie, um die Schärfe etwas zu mildern, und ein Stückchen rotglühende Holzkohle, die sofort ausgetauscht wird, sobald sie erkaltet ist.

Das altertümliche Ambiente des Ortes lässt seine einstige Schönheit erahnen. Ausladende Kronleuchter hängen mit ihren schweren kristallenen Tropfen von der vergilbten Decke. Antike Spiegel bedecken die Wände und lassen die Räumlichkeiten um vieles größer erscheinen. Seit zweihundert Jahren wird dieses Café im Herzen der Medina besucht. Es ist das älteste der Stadt und eines der wenigen in der arabischen Welt, das auch Frauen frequentieren dürfen.

Zu den Freitagsgebeten gönnt sich die Stadt eine Atempause. Mit lautem Getöse rattern zur Mittagszeit die Rollläden vor den Geschäften herab, der scheppernde Abschluss eines arbeitsreichen Vormittags. Ganz Kairo widmet sich Gott, und danach den Freuden des Müßiggangs. Ausgestreckt auf den dicken Teppichen, die den heiligen Boden der Stätte bedecken, genießen zahlreiche Gläubige nach dem Gebet noch eine ausgedehnte Siesta. Die Moschee ist der einzige vor Lärm und Trubel geschützte Ort, eine Oase der Ruhe in einer ohrenbetäubenden Stadt.

Mahmoud ist einer der Ersten, die wieder an die Arbeit gehen. Am Samstagmorgen, bei Tagesanbruch, macht er sich auf den Weg in seine Werkstatt hinter dem Al-Ghuri-Mausoleum, um sich seinen Tarbuschen zu widmen. Nur gewisse Schichten der Kairoer Gesellschaft genießen das Privileg, diese Kopfbedeckungen zu tragen, die roten Filzkappen sind den Obersten der Stadt vorbehalten. Sie werden zum Aushärten über Kupferformen gestülpt und mit einer schwarzen Seidentroddel geschmückt, deren Länge je nach sozialem Status ihres Trägers variiert. Die Studenten der Medresen tragen den traditionellen roten Tarbusch aus weichem Filz. Die blauen Hüte dagegen sind ausschließlich für die Leute von Film und Theater gedacht. Im aparten Kontrast zum leuchtenden Blau sind die Troddeln an diesen Kappen safrangelb.

In Mahmouds Werkstatt steht ein neuer Fernsehapparat, in dem eine in Kairo gedrehte Serie läuft. Ihr Erfolgsgeheimnis – die Handlung ist eine Mischung aus Seifenoper und Schundroman – kennen wohl allein die Ägypter, die, wie die gesamte arabische Welt, dieser Serie verfallen sind. Vor dem Schaufenster des Hutmachers versucht Abdel vergeblich, der Handlung zu folgen. Versunken starrt er auf die kleine Mattscheibe; den Kocher, Wasserkessel und seine Zinnbecher hat er neben sich abgestellt. Abdel ist Straßenverkäufer; für ein paar Pfund bietet er durstigen Passanten Tee an.

Die weniger einträglichen Gewerbe gedeihen in den Straßen des Kairo der Fatimiden. Die Straße al-Muski, die zwischen der Al-Azhar-Moschee und der Hussein-Moschee verläuft, beherbergt eine ganze Reihe dieser Brotberufe. Süßkartoffelverkäufer schieben ihre Ware, die direkt vor Ort auf dem Holzfeuer gegart wird, auf schwerfälligen Karren vor sich her. Sie sind mit einem Schornstein versehen und erinnern entfernt an eine Lokomotive. Andere bieten auf einem improvisierten Stand kleine Nil-Zitronen aus ihren eigenen Gärtchen an. Sie werden wegen ihrer aromatischen Säure sehr geschätzt und für Teeaufgüsse verwendet, die man in kleinen Gläsern serviert und großzügig zuckert.

Wie in vielen Städten der arabisch-muslimischen Welt sind die Menschen in Kairo zu jeder Tageszeit dabei zu sehen, wie sie irgendetwas essen. In den Straßen reihen sich Garküchen und Lokale aneinander. Das Feuer erlischt nie unter den großen Töpfen, in denen der *foul*, die Lieblingsspeise der Kairoer, schmort. Der Eintopf aus Fawabohnen (dicke Bohnen, Saubohnen oder Pferdebohnen) wird in ausgehöhlte runde Brötchen gefüllt und auf dem Weg zu irgendeiner Verabredung hastig verschlungen. Die Arbeiter begnügen sich mit Sesamfladen und einem Glas Tee im Stehen. Viele tragen die *gallabija*, das traditionelle, langärmelige und über der Brust offene Gewand. Die lange Tunika verleiht ihrem Träger eine Achtung gebietende Haltung. Den Kopf hoch erhoben, die Brust geschwellt, der Schritt gemessen, tragen die Kairoer mit würdigem Habitus ihre gesellschaftliche Stellung zur Schau. Die Wohlhabendsten unter ihnen verbringen ihre Zeit auf den Terrassen der Cafés, um vielleicht ein Geschäft zu beschließen und dann die Stunden verrinnen zu lassen, bis die Sonne untergeht.

Kairo gleicht einem einzigen gigantischen Basar. Das Geschäft kennt keine Grenzen, es ist allgegenwärtig, und jeder nimmt daran teil. Über eine halbe Million fliegender Händler, die im Zentrum Kairos ihren Geschäften nachgehen, sind ein eindrucksvoller Beweis dafür. Arbeit ist eine Tugend, das Geschäft eine Kunst. Die Handwerker, die noch nie ihr Viertel verlassen haben, sind untrennbarer Bestandteil des unaufhörlichen Warenumschlags, der diese Stadt kennzeichnet.

Lautstark begleitet die unvergessliche Stimme der legendären Sängerin und Diva Umm Kulthum das tägliche Tun und Treiben der Händler und Handwerker. In den Herzen der Kairoer ist sie lebendig geblieben. Man braucht nur ihren Namen zu nennen, und schon beginnen die Leute, einen Refrain des Kawkab el-Sharq, »Stern des Orients«, zu summen. Sobald der improvisierte Gesang verstummt, springen die zahllosen Radios ein und spielen eines ihrer berühmten Liebeslieder. Die Dezibel spiegeln unüberhörbar den Charakter dieser legendären Stadt: exzessiv, lärmerfüllt, bezaubernd und verlockend.

Diese Phiolen aus Muski-Glas stammen aus der Werkstatt der Brüder Raouf in der Nähe des Bab el-Futuh (oben). Mit zerkleinerter Holzkohle wird die Wasserpfeife befeuert (unten).

Kairo, Zentrum des sunnitischen Islam, beeindruckt durch die Zahl seiner
Moscheen. Die schönste ist zweifellos die Al-Azhar-Moschee, »die Blühende«
(oben). Zusammen mit der ihr angegliederten Universität ist sie als geistiges
Zentrum ebenso bedeutsam wie als heilige Stätte. Die Moschee Ibn Tulun
wurde im 9. Jahrhundert erbaut und ist das zweitälteste Gotteshaus der Stadt.
Ihre auffallend schlichte Architektur überlässt dem Glauben allen Raum zur
Entfaltung. Der gepflasterte Innenhof hat eine Seitenlänge von 92 Metern
(rechte Seite, oben). Im Viertel al-Fustat, was so viel bedeutet wie »befestigtes
Lager«, sind die Kopten beheimatet. Dort befindet sich die Moschee Amr Ibn
al-As, die älteste der Stadt. Sie wurde im Jahr 641 von dem gleichnamigen
Feldherrn erbaut (rechte Seite, unten).

Das rund um die Al-Azhar Moschee gelegene Viertel ist das Herz des alten Kairo, Al-Kahira, der »Siegreichen«, wie die Stadt früher genannt wurde. Italienische Händler festigten diesen Ruf, indem sie den alten Namen endgültig in Kairo umwandelten. Heute ist das Viertel ein riesiger Freiluftmarkt, auf dem es einfach alles gibt, jede Art von Dekoration, Stoffe oder Tarbuschen (linke Seite). In den Straßen des historischen Kairo findet man an mittelalterlichen Fassaden kunstvoll gearbeitete Erker, maschrabijas (rechts), sowie Fenster aus dem 16. und 17. Jahrhundert (oben), stumme Zeugen einer Epoche, in der die reichen Kairoer Händler ihre Waren in den ganzen Orient exportierten. Damals zählte Kairo 145 Souks und 360 Karawansereien. Heute gibt es in Kairo etwa 600000 fliegende Händler. Brotverkäufer gehören zu den Kleinverdienern der Stadt (unten).

Im Khan el-Khalili ziehen die Henna-Läden und Parfümerien ausschließlich die weibliche Kundschaft an (oben). Der Lebensmittelhändler verkauft alle Zutaten, die in der ägyptischen Küche unverzichtbar sind: Bohnen, Reis, Trockenerbsen, Tomatensauce, Rosinen, Nüsse und Grieß (unten). Fernseher sind in der Altstadt von Kairo allgegenwärtig. Den ganzen Tag lang flimmern die zuckersüßen, sentimentalen Bilder der ägyptischen Seifenopern über den Bildschirm (rechte Seite).

Kairo vereint alle traditionellen Handelszweige der arabischen Welt. Im Khan el-Khalili verkauft ein Händler Fächer aus Gänsefedern direkt neben dem Parfümeur (linke Seite oben, links und rechts). Der Lebensmittelhändler versorgt seine Kunden mit Curry, Safran und Weihrauchstäbchen, während der Apotheker Heilkräuter anbietet, die schon die Pharaonen verwendeten (linke Seite, unten, links und rechts). Der Silberschmied sammelt alles, was sich wieder in einen Gebrauchsgegenstand verwandeln lässt (oben). Der Name dieses großen Basar-Areals geht zurück auf eine große Karawanserei, die der Emir Djaharks al-Khalili im Jahr 1382 errichten ließ.

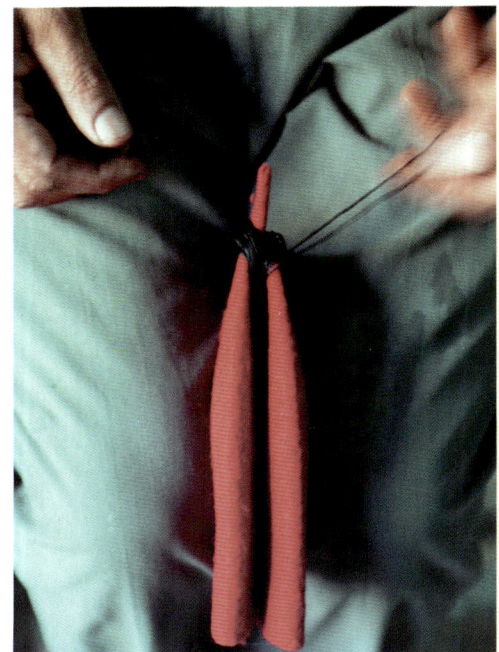

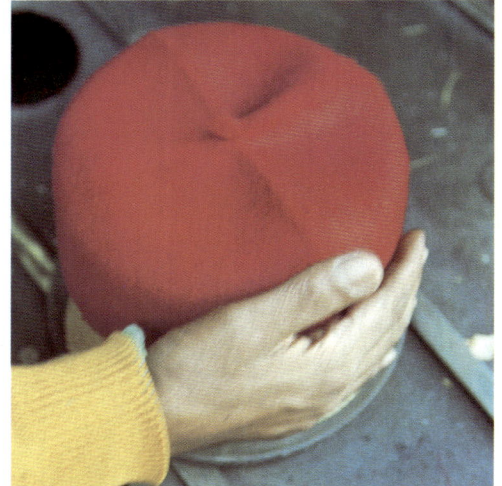

Die Werkstatt von Mahmoud, dem Tarbuschenmacher, liegt hinter dem Mausoleum al-Ghuri. Seine Kappen bedecken die Köpfe einer kleinen Minderheit der Kairoer Gesellschaft. Angesehenen Persönlichkeiten sind die roten Filzkappen vorbehalten, die mit einer schwarzen Seidentroddel geschmückt sind. Ihre Länge variiert je nach Amt und sozialem Rang (Mitte). Die Hüte sind reine Handarbeit und werden zuletzt auf speziellen Kupferblöcken gefestigt (rechts).

Die Brüder Raouf arbeiten sechs Tage pro Woche an ihren selbst gebauten Öfen (oben). Typisch für die Kairoer Glaskunst sind die ins Material eingeschlossenen Luftblasen, nachdem das Rohglas im Holzfeuer auf 1 000 Grad erhitzt wurde. Der Glasbläser taucht einen langen, hohlen Metallstab in den geschmolzenen Rohstoff und bläst die Masse zu einer Kugel auf (links), die er dann mit Hilfe von Klemmen und Zangen weiter bearbeitet und formt. Die Vasen, Karaffen und Gläser werden anschließend in den Geschäften der Kairoer Altstadt verkauft (rechts).

JEMEN

SANAA

Die jambiya *ist der wichtigste Schmuck des jemenitischen Mannes (oben). Die Altstadt von Sanaa besteht aus etwa 14 000 Häusern mit fünf- bis siebengeschossigen Türmen, deren Fenster und Türen mit kunstvollem Marmor- und Alabasterdekor umrahmt sind. Die Minarette der 50 Moscheen der Stadt sind wahrhafte Kunstwerke (rechte Seite und folgende Doppelseite).*

Inmitten einer schroffen Gebirgslandschaft, umgeben von Abgründen und unüberwindbaren Pässen, liegt Sanaa, die Hauptstadt des Jemen. Auf einer Hochebene 2 200 Meter über dem Meeresspiegel erbaut, wird sie von den Bergmassiven des Djabal Nuqum und des Djabal Ayban flankiert, die sich imposant gegen den Horizont abzeichnen.

Sanaa liegt im äußersten Süden der arabischen Halbinsel. Die Stadt trägt entscheidend zum Ansehen des Jemen bei, des Landes, das auch Arabia felix genannt wird, das »glückliche Arabien« – eine Bezeichnung, die zum Teil auf den fruchtbaren Boden zurückzuführen ist. Lange Zeit wurden hier die seltensten und kostbarsten Produkte wie Weihrauch und Myrrhe angebaut. Berühmtheit erlangte vor allem der Mokka, der von dem Hafen Al-Mocha an der Westküste in alle Welt verschifft wurde. Im 17. und 18. Jahrhundert gehörte der starke Kaffee, über den der Jemen einst das Monopol besaß, zu den weltweit begehrtesten Gütern.

Das Land war auch ein Tummelplatz für Abenteurer und erregte die Neugier prominenter Entdecker und Autoren. Die Reiseberichte und prachtvollen Souvenirs etwa von Sir Wilfred Thesiger, dem großen Verehrer Arabiens, der zwischen 1945 und 1949 die Wüste Rub al-Khali durchquerte und mit den Beduinen lebte, oder des Romanciers Joseph Kessel (1898–1979) trugen zum Ansehen der Region bei.

Die Geschichte des Landes ist zudem untrennbar mit der sagenhaften Königin von Saba verbunden, deren Legende im Alten Testament und im Koran erwähnt wird.

So großartig die Vergangenheit dieses Landes, so einzigartig ist sein heutiges Gesicht. Ein Gang durch Sanaa ist ein überwältigendes Erlebnis. Die Architektur der Stadt ist Baukunst in reinster Vollendung.

Das gewaltige Tor Bab el-Yemen markiert den Eingang zur historischen Altstadt. Sie besteht aus etwa 14 000 Häusern, die bis zu neun Stockwerke hoch sind. Diese 400 Jahre alten »Wolkenkratzer«, die aus Naturstein und ungebrannten Ziegeln gebaut wurden, sind sehr gut erhalten. Manchmal bleibt nur eine schmale Gasse zwischen den eng beieinander liegenden Häusern frei, die man mit Mühe – seitwärts laufend – passieren kann. Als die Stadt entstand, achtete man darauf, möglichst wenig fruchtbaren Boden zu verbauen, sodass die Häuser Stockwerk um Stockwerk in den Himmel wuchsen. Die reich verzierten Fassaden sind zusätzlich mit kunstvoll gearbeiteten Fensterumrahmungen aus Alabaster oder Marmor geschmückt. Die filigranen Arabesken mit präislamischen Motiven machen jedes der Gebäude zu einem Unikat.

Zu Füßen des alten Stadtteils liegt der Souk al-Milh, eine Ansammlung von 40 Souks, die auf verschiedene Branchen oder Materialien spezialisiert sind. Die Männer

Ende des 18. Jahrhunderts exportierte der Jemen jährlich 22 000 Tonnen Mokka. Noch heute findet man die Kaffeebohnen an nahezu jedem Stand in der Hauptstadt (oben). Sorgho ist ein beliebter kleiner Imbiss (unten).

sind die alleinigen Herrscher der Straße. Die Wohlhabenderen unter ihnen tragen einen Bart und einen mit Henna gefärbten rötlichen Haarkranz. Die *fouta*, eine Art Lendenschurz, um die Taille geschnürt und je nach Clan-Zugehörigkeit mit der *gandoura* oder dem *seroual* bekleidet, auf dem Kopf die traditionelle *keffieh*, eine Art Turban, geben sie sich mit lauter Stimme dem Handel hin. Das harmonische Verhältnis der Menschen zueinander gilt als wertvolles Gut. Den Arm um die Schulter des Freundes gelegt oder Hand in Hand gehen die Männer durch die Straßen und vermitteln eine Atmosphäre von Brüderlichkeit.

Die große Moschee al-Kabir ist das bedeutendste Heiligtum der Altstadt. Der Sakralbau markiert den Eingang zu den Souks. Seine Entstehung reicht bis ins Jahr 628 zurück, also noch in die Lebenszeit des Propheten Mohammed, und ist damit eines der ersten Zeugnisse der zu dieser Zeit sich ausbreitenden Religion des Islam. Das durchdringende Kreischen der Stichsägen und Schleifmaschinen kündigt das Viertel der Tischler an. Handwerker jeden Alters arbeiten in diesem Teil der Stadt, in dem der feine Holzstaub in der Luft einem den Atem raubt. Hier werden Möbel und andere Gebrauchsgegenstände, vor allem aber Fensterrahmen hergestellt, die jeder Hausbesitzer – das ist Ehrensache – bei der geringsten Beschädigung restaurieren lässt. In den schmalen Gässchen teilen sich die Männer Werkstätten, die kaum größer sind als ein Wandschrank. Insgesamt sind vier Zünfte in diesem Stadtviertel ansässig: die der Tischler, Schmiede, Schuster und Messerschleifer, Berufe, die über Generationen tradiert sind. Wie ein Spalier reihen sich die unterschiedlichsten Geschäfte zu beiden Seiten der verschlungenen Gassen aneinander.

Hier werden auch die Klingen und Hefte der berühmten *djambija* hergestellt, jener Krummdolche, die die Männer ab der Pubertät als Attribut und Symbol ihrer Männlichkeit in großen, mit goldener Seide bestickten Gürteln am Bauch tragen. Die scharfe Klinge der Waffe wird durch ein prächtiges Futteral aus Silber geschützt. Die verwendeten Materialien und die deutlich erkennbare Kunstfertigkeit in der Herstellung lassen Rückschlüsse auf die soziale Stellung oder die Stammesherkunft des Trägers zu. Die Reichsten leisten sich *djambijas* mit einem Heft aus mit Goldintarsien verziertem Nashornzahn oder Narwalhorn. Doch selbst der ärmste Bürger in Sanaa trägt eine traditionelle Klinge, die natürlich weniger kostspielig ist. Die Scheide eines einfachen Dolches besteht aus einem einfachen Lederetui, das Heft ist aus Rindshorn, das gewöhnlich aus Indien stammt, oder auch aus Plastik oder grob geschnitztem Holz. Verlässt ein Mann seinen Stamm, so ist es Tradition, dass er beim Betreten des neuen Dorfes die Spitze seines Dolches abbricht.

Ein Spaziergang durch Sanaa hält einige Überraschungen bereit. Abseits der lärmenden Straße, ihrer erdrückenden Hitze, des Geschreis und der lauten Rufe sind die Sesammühlen Oasen der Stille. In der Dunkelheit eines Gewölbes, dessen Kühle einen unweigerlich frösteln lässt, dreht ein blindes und taubes Dromedar unablässig seine Runden um den schweren Mühlstein, der die Sesamsamen mahlt. Die Besitzer liegen schlummernd in einer Ecke, vom gedämpften, gleichmäßig federnden Schritt des Dromedars in den Schlaf gewiegt. Es gibt nur vier Mühlen dieser Art in der gesamten Stadt. Schon früh am Morgen finden sich dort die Kunden mit ihren kleinen Flaschen ein, um sie auffüllen zu lassen. Anschließend gehen sie weiter zum Gemüsemarkt. Sämtliche fliegenden Händler des Jemen scheinen sich dort versammelt zu haben. Die weniger gut ausgerüsteten Händler schieben eine Aluminiumschubkarre gefüllt mit Früchten vor sich her. Hier lockt ein Haufen Papayas aus der Region Tihama, dort sind es geröstete Sorghorispen, die man aus der Hand isst. Die teureren Lebensmittel werden in den Geschäften verkauft. Getrocknete Datteln aus dem Hadramaut lagern, nach Farbe und Größe geordnet, in Jutesäcken. Die Kunden kosten mal von diesen, mal von jenen Früchten, probieren nacheinander das ganze Sortiment, während sie mit Kennermiene die Qualität der Ware kommentieren. Dann beginnen die Verhandlungen. Selbst um ein einziges Kilo Datteln wird endlos debattiert, und es ist wichtig, bei diesen Wortgefechten zu brillieren.

Die *samsara* sind im Jemen das, was in Syrien die Khans sind: Übernachtungsstationen und Umschlagplätze der Handelskarawanen, die einst die Stadt Aden im Süden des Landes mit Mekka in Saudi-Arabien verbanden. Heute dienen sie als Marktplätze, von denen der Rosinenmarkt der beeindruckendste ist. Im Herzen des Viertels gelegen, verströmt der Gewürzbasar einen schweren, verführerischen Duft. Pfeffer, Cumin, Koriander, Kardamom, Nelken, Muskat, Zimt und Oregano türmen sich neben Getreide und Hülsenfrüchten, darunter Saubohnen, Gerste, Linsen und Mais. Auch Weihrauch und Myrrhe sind vertreten, zwei Harze, die aus der Weihrauch-Baumart *Boswellia carteri* beziehungsweise aus dem Myrrhenstrauch (*Commiphora*) gewonnen werden. Beide Gewächse findet man nur noch im Sultanat Oman und in Äthiopien. Die Jemeniten verwenden diese schon seit Jahrtausenden bekannten Naturprodukte nach wie vor in rauen Mengen. Wegen ihrer antiseptischen Wirkung und ihres aromatischen Duftes sind sie sehr beliebt und dürfen in keinem Haushalt fehlen.

Sobald die Sonne im Zenit steht, legt die ganze Stadt die Arbeit nieder. Die Geschäfte leeren sich auf einen Schlag, das Feuer in den Schmieden wird zur schwachen Glut, nichts wird mehr verkauft. Die Handwerker sind aus dem Souk verschwunden, der nun vollständig von Khathändlern in Beschlag genommen wird, die in einer Reihe hockend ihre Ware vor sich auf dem Boden ausgebreitet haben. Der Khatstrauch (*Catha edulis*) ist ein ein mittelgroßer Baum, der ausschließlich in den Hochebenen des Landes gedeiht. Die Anbaufelder erstrecken sich über ein riesiges Gebiet, ein Beweis für die Leidenschaft, mit der sich die Jemeniten diesem Rauschmittel widmen. Es genießt offizielle Anerkennung und ziert sogar die Ein-Rial-Note.

Die Blätter, die in Bündeln verkauft werden, müssen am selben Tag, höchstens aber am Vorabend geerntet worden sein, da sonst die Wirkung der Pflanze verfliegt. Der Brauch gebietet es, dass die Kunden zunächst die Ware kosten, bevor die Verkaufsverhandlungen beginnen können. Die vielen Kunden und Verkäufer und die ungestümen Gebärden der Handelnden machen den Markt schon bald unpassierbar. Hier wird auch entschieden, an welchem Ort und in welchem Kreise man sich am Nachmittag zum Khatkauen trifft.

Ihren kleinen Beutel mit den euphorisierenden Blättern in der Hand, strömen die Männer anschließend in die Garküchen und einfachen Lokale, in denen preiswerte Mahlzeiten serviert werden. In Tonschalen wird der traditionelle *salta* serviert, ein pikantes Schmorgericht aus Reis, Hackfleisch, Gemüse und Eiern. Glühend heiß kommen die Steingutnäpfe auf den Tisch, aus denen immer mehrere Gäste gemeinsam essen. Mit nahezu religiöser Andacht tunken die Männer ihre Brotfladen hinein und verzehren das Essen mit Genuss.

Tabakblätter (oben) und Khatblätter (unten) sind die beiden »Laster« der Jemeniten, die sich gerne dem Genuss des sanften Rausches hingeben.

Nach der Mahlzeit ziehen sich die Männer zur Khatsitzung zurück. Damit eine gesellige Runde zusammenkommt, müssen die Gäste zahlreich sein. Die Männer versammeln sich im Hause des Gastgebers im obersten Geschoss, dem *mafrij*. Große, bequeme Sofas erwarten die Besucher, während die Hausherrin sich beeilt, heißen Tee und einen riesigen, mit Sesam bestreuten Honigpfannkuchen aufzutragen.

Der Genuss des Khat erfordert eine ganz besondere Technik. Die Blätter werden gekaut, aber nicht hinuntergeschluckt, sondern in die Backentasche geschoben, wo sie mit jedem weiteren Blatt allmählich zu einer riesigen Kugel anwachsen. Je imposanter die Wange schwillt – manchmal erreicht sie die Größe eines Tennisballs –, desto größer die allgemeine Anerkennung.

Die Jemeniten schreiben dem Khat viele positive Eigenschaften zu. Er soll die Abwehrkräfte stärken, Schmerz lindern und den Appetit zügeln. Alle bedeutenden Entscheidungen werden während des rituellen Khatkauens getroffen, alle wichtigen Geschäfte und Transaktionen geregelt. Am frühen Abend begibt sich jeder wieder in seinen Laden oder seine Werkstatt – und das geschäftige Treiben beginnt von neuem.

Dann bricht die Nacht herein, und die leuchtenden Farben des Sonnenuntergangs tauchen die Stadt in ein warmes Licht. Diese märchenhafte Atmosphäre betrachtend, fühlt man sich an biblische Orte vor langer Zeit zurückversetzt. Die Häuserfassaden erstrahlen purpurrot, die Menschen erscheinen als granatrote Silhouetten. Der Berg schmückt sich mit einem Kranz aus Indigo, der Himmel färbt sich feuerrot. Die Nächte im Jemen sind kalt, doch die Gespräche bleiben hitzig durch die Wirkung des Khat, den die Männer beständig weiterkauen.

Die Architektur Sanaas ist einzigartig. Die städtebauliche Planung geht auf das 15. Jahrhundert zurück. Die Hausbesitzer pflegen ihre Häuser mit großer Hingabe und sorgen dafür, dass die Gebäude regelmäßig instandgesetzt werden (linke Seite). Da die bebaubare Fläche begrenzt war, musste für den Wohnungsbau eine besondere Lösung gefunden werden. In den kaum passierbaren Gassen des Souk ist der Verkehr auf ein Minimum beschränkt (oben).

Der Genuss des Khat macht die Handwerker ausgelassen und redselig. Sie werden weder hungrig noch müde und können ganze Nächte hindurch arbeiten. Der Rosinenmarkt befindet sich in einer Karawanserei (linke Seite). Je nach Größe und Qualität sind die Preise der getrockneten Beeren sehr unterschiedlich. Trauben kann man auf dem Souk al-Khobz kaufen (oben). Die Sesammühlen werden von blinden und tauben Dromedaren angetrieben (unten).

JORDANIEN

AMMAN

Die Cafés in Amman sind Orte der Begegnung und Entspannung. Die Männer rauchen gerne Wasserpfeife, spielen Domino oder Backgammon und diskutieren dabei über Politik (oben). Jeder dritte Jordanier lebt in der Hauptstadt, die vom Minarett der König-Hussein-Moschee dominiert wird (rechte Seite).

Die moderne Hauptstadt des Haschemitischen Königreichs Jordanien führt den schönen Beinamen »die weiße Stadt«: Schon von weitem sind die weißen Steinhäuser zu erkennen, die im Sonnenlicht strahlen. Weit ausgebreitet liegt sie zwischen den umliegenden Hügeln, die der urbanen Topographie ihr Gepräge geben.

Vom Zitadellhügel aus, dem Djebel el-Qala, genießt man einen wunderschönen Rundblick auf Amman, das sich aus dieser Perspektive von seiner besten Seite zeigt. Der Blick fällt auf Treppen, die plötzlich steil in Richtung Unterstadt abfallen, Verkehrsadern, die den Menschenfluss ins Zentrum leiten, und Kinder, die heiser vom lauten Geschrei Hunderte von Stufen hinabtoben, um atemlos und mit hochrotem Kopf wieder hinaufzusteigen. In der Ferne lassen Wolkenkratzer und der Widerschein ihrer Glasfronten die Neubauviertel erahnen. Unten im Tal verläuft ein prächtiger Boulevard. Die Palmen am Straßenrand spenden wohltuenden Schatten.

Amman ist ein Schmelztiegel der Kulturen. Hier hat sich ein buntes Völkergemisch aus Beduinen und Arabern aus allen erdenklichen Ländern gebildet. Außerdem ist die Hauptstadt Jordaniens Anlaufpunkt für Flüchtlinge aus den Nachbarländern: Iraker, vor allem aber Palästinenser, die die Mehrheit der Bevölkerung Ammans stellen. Das friedliche Nebeneinander religiöser und ethnischer Gruppen ist das Kennzeichen dieser von gegenseitiger Achtung und Toleranz geprägten Gesellschaft. Sunniten, Schiiten, Katholiken und Protestanten praktizieren hier ihren Glauben; Armenier, Tscherkessen, Tschetschenen und Assyrer pflegen ihre Traditionen. Amman ist eine junge Stadt; bis in die 20er-Jahre des vorigen Jahrhunderts war sie nicht mehr als eine kleine Tscherkessensiedlung. Doch Kriege und Konflikte, die in den Nachbarländern wüteten, machten Amman schnell zum Zufluchtsort für unterdrückte Völker und schließlich zu jener modernen, multikulturellen Hauptstadt, als die sie sich heute präsentiert.

Der *balad*, die historische Altstadt oder Unterstadt, ist das Herz Ammans. Das Viertel zieht die Menschen magnetisch an, Händler, Kunden, die hier im Souk ihre Einkäufe erledigen, Liebespaare, die am Platz der Haschemiten flanieren, Reiche und Arme. Menschenmassen drängen sich in den zahlreichen kleinen Läden in der Hashemi Straße. Der tägliche Einkauf ist Sache des Familienoberhauptes. Selten sieht man eine Frau, die sich in die Straßen der Unterstadt wagt. Lediglich einige Irakerinnen verkaufen, hinter dichten schwarzen Schleiern vor Blicken geschützt, auf dem blanken Boden einzelne Zigaretten.

Dicht gedrängt reihen sich die Läden aneinander; in diesem Souk gleicht kein Stand dem anderen. Doch der Markt von Amman ist modern. Hier sind die Basare

Kleinhändler gibt es zu Tausenden im Zentrum Ammans (oben). Foul, ein appetitlich duftendes Bohnenpüree, köchelt in einem riesigen Kupferkessel (unten).

nicht wie in anderen Teilen der arabischen Welt nach Waren und Handwerksgruppen angeordnet, und die Straßenführung ist relativ offen – kein verschlungenes Netz aus Gassen, in denen sich Händler und Kunden in ohrenbetäubendem Durcheinander drängen.

Ein Verkäufer stellt die bunten Glassockel seiner Wasserpfeifen behutsam in die Regale, ein anderer hängt die langgliedrigen Pfeifen mit ihren bunt geschmückten Schläuchen auf. Gleich nebenan ist es einem Parfümeur gelungen, auf engstem Raum Hunderte von Phiolen mit seltenen Blütenessenzen zu verstauen, aus denen er duftende Essenzen für die Dame herstellt. Mit Hilfe einer Pipette, mit der er die kostbaren Flüssigkeiten entnimmt, kreiert er Düfte, die der größten französischen Häuser würdig wären. Beim Wirt nebenan gibt es alles, was der jordanische Gaumen begehrt: In einem großen Kupferkessel schmort der *foul*, dicke Bohnen mit Knoblauch, Öl und Zitrone. In einer Vitrine macht eine reiche Auswahl an kleinen, appetitlichen Häppchen – Mezze – dem hungrigen Passanten den Mund wässrig. Das berühmte Humus, Tabuleh und Kube, Fleischbällchen mit Weizenschrot, sind beliebte Speisen, die die Männer zu jeder Tageszeit auf der Straße zu sich nehmen.

Zahlreich sind auch die kleinen Devotionalienhandlungen. Bündelweise baumeln »Hände der Fatima« aus blauem Sandstein von den Ladendecken herab. Einige Exemplare aus ziseliertem Metall sind mit Perlen bestückt und mit einem »Auge« verziert, das vor dem Bösen schützen soll.

Überquert man die Straße, gelangt man in den Obst- und Gemüsesouk. Er besteht aus einer Vielzahl von teilweise überdachten Ständen, die sich unter Bergen von Zitrusfrüchten biegen. Orangen, Mandarinen, Feigen und Bananen leuchten in den reinsten Farben. Samenhändler preisen ihre Walnüsse, Pistazien und Mandeln an. Trauben frischer Datteln zieren das Metallgestänge der Ladentheke. Gleich nebenan verkaufen die Fleischer ihre Ware, und noch ein Stückchen weiter bieten die Stände schließlich alles Mögliche an: gebrauchte Schuhe, nach Größe geordnet, Kleidung, Haushaltswaren. Kartons stapeln sich auf dem Boden, in denen junge Enten und andere Küken hocken und vergeblich versuchen, ihren Kopf herauszustrecken, zur Freude einiger Kinder, die das laute Geschnatter der kleinen Vögel angezogen hat.

Am späten Nachmittag, wenn der Markt allmählich geschlossen wird, strömen die Männer in die über den Geschäften gelegenen Cafés. Die geräumigen Etablissements bieten Platz für eine beträchtliche Zahl von Gästen. Kellner wirbeln in alle Richtungen davon, um Wasserpfeifen zu entzünden, Tee zu servieren oder rasch einen Tisch für neu eingetroffene Gäste zu decken. Mitten in dem Trubel spielen die Alten stundenlang Schach. Nichts kann sie mehr aus der Ruhe bringen, abgesehen von den kleinen Leiden des Alters.

Das Marktleben Ammans konzentriert sich um die Hussein-Moschee und das römische Theater. Das an einen Hügel geschmiegte Relikt aus dem 2. Jahrhundert n. Chr. fasste einmal bis zu 6 000 Besucher. Gegenüber befindet sich das Forum mit den korinthischen Säulen. Die große, rund 100 Meter lange Esplanade gilt als einer der größten Plätze des Römischen Reiches. Heute ist sie ein beliebter Treffpunkt für Liebespaare und für Familien, die hier am Freitagnachmittag spazieren gehen.

Das römische Erbe Ammans ist bedeutend. Das ehemalige Philadelphia, so nannten die römischen Besatzer die antike Stadt, gehörte zum römischen Zehnstädtebund. Eines

der schönsten Bauwerke aus jener Zeit ist der auf dem Hügel Jabal al-Qala gelegene Herkules-Tempel. Er wurde unter der Herrschaft des Kaisers Marc Aurel im 2. Jahrhundert n. Chr. errichtet und von einer neun Meter hohen, gewaltigen Statue des sagenhaften Halbgottes geschmückt. Davon sind heute noch der gigantische Sockel sowie Fragmente des monumentalen Standbilds erhalten. Überreste von Festungsmauern trotzen vergeblich dem Zahn der Zeit und rivalisieren mit zwei schönen Säulen mit fast barock anmutendem Schaft. Im Licht der untergehenden Sonne erscheinen sie wie Wächter, die das rege Treiben in der Stadt beobachten. Gegen Abend werfen die an den Hängen kauernden Häuser lange Schatten über Amman. Die Stadt beginnt sich glutrot zu färben, die Hitze weicht einer erfrischenden Brise. Der durchdringende Gesang des Muezzin hallt bis auf die Gipfel der Hügel hinauf: Es ist die Stunde des Gebets und der Einkehr.

»Um eine Sache interessant zu finden, muss man sie nur lange genug betrachten«, sagte Gustave Flaubert. Alle, die aufbrechen, um Amman zu ertdecken, mögen sich an diese Worte erinnern. Die Hauptstadt des Königreichs der Haschemiten ist nicht prunkvoll. Doch für den, der zu sehen versteht, wird hier die glorreiche Vergangenheit lebendig. Eine wechselvolle Geschichte, die in den Worten der Menschen nachhallt, die sie bewohnen.

Der Goldsouk bietet von den Beduinen inspirierten Schmuck im Überfluss. Frauen kommen hierher, um vor den Auslagen der aus schweren Medaillons zusammengesetzten Brautgeschmeide ins Schwärmen zu geraten.

Der große Markt der Stadt befindet sich auf der Hashemi-Straße. Schon kurz nach Sonnenaufgang füllen sich die Straßen. Übergangslos reihen sich Obst- und Gemüsestände an aufgestapelte Käfige mit schnatterndem Geflügel. Ein Stück weiter bietet der »Markt der Halsabschneider« allerlei Brauchbares aus zweiter Hand. Unter verschlissenen Planen bieten Handwerker ihren Reparaturservice an für alles, was nur kaputt gehen kann.

SAIDA

*Die köstlichen
Kuchen- und
Gebäcksorten aus
Saida erhalten ihr
dekoratives Muster
durch Holzformen
aus dem Viertel der
Tischler (oben).
Die Souks bilden ein
Netz aus verzweig-
ten, teils überdachten
Gassen, das sich vom
»Khan der Franzosen«
bis zur Großen
Moschee erstreckt
(rechte Seite).*

Der Libanon, am östlichen Rand des Mittelmeeres gelegen, ist ein biblisches Land. Seine Berge, Wälder, Wasserfälle und Obstgärten sind in den Psalmen und im Hohen Lied Salomons verewigt worden. Die Zedern des Libanon werden in der Bibel als Symbol für die Gerechtigkeit Gottes benannt. In Süden des Landes, in dem, bildlich gesprochen, einst Milch und Honig flossen, befindet sich die Hafenstadt Saida.

Die von den Phöniziern Sidon und von den Arabern Saida genannte Hauptstadt des Südlibanon erlebte seine Blüte unter der Herrschaft des Drusenfürsten Fachr ad-Din II., der sie zu seiner Winterhauptstadt auserkor. Die Medina ist zum Meer hin offen und wird von der Al-Muizz-Zitadelle überragt, die der Frankenkönig Ludwig der Heilige als »Ludwigskastell« während des 6. Kreuzzugs wieder aufbauen ließ. Das Seekastell war erst Anfang des 13. Jahrhunderts, ebenfalls von Kreuzfahrern, auf einer kleinen Insel an der Seeseite der Altstadt errichtet worden.

Zwischen den beiden Monumenten befinden sich die Souks, beherrscht vom Khan al-Franj, einer ehemaligen Karawanserei aus dem 17. Jahrhundert mit zweigeschossigen Gewölbegalerien, deren imposante Gestalt im augenfälligen Kontrast zur Zerbrechlichkeit der umliegenden Gebäude steht. Sie beherbergte einmal weit gereiste Kaufleute mit ihren Pferden und diente als Warenspeicher. Um den Handel mit Europa zu fördern, verpachtete Emir Fachr ad-Din II. den Khan al-Franj 1610 an die Franzosen, woraus sich ihr Name »Karawanserei der Franzosen« ableitet.

Am frühen Morgen öffnen die Geschäfte. Die zahlreichen Bäckereien der Stadt haben nun ihre erste Kundschaft. Saida ist nicht nur ein Mekka für Reisende, die Gefallen an süßen Schlemmereien finden – auch die Einheimischen haben eine besondere Vorliebe für Zuckerwerk, wie die unzähligen Kuchen und Backwaren beweisen, die auf riesigen Blechen ausgestellt werden. Das Café von Abdul ist der Treffpunkt der städtischen Prominenz. Jeden Tag versammeln sich hier die Würdenträger, um einen kleinen Imbiss zu sich zu nehmen und süßen Tee zu trinken. Abdul führt sein Haus professionell und mit Leidenschaft. Sein Café hat eine lange Tradition: Seit 1861 ist die Pâtisserie im Familienbesitz. Doch statt sich auf seinen durchaus verdienten Lorbeeren auszuruhen, unterzieht Abdul seine Backwaren gerne einem kritischen Test durch fremde Gaumen. Mal bietet er dieses, mal jenes Naschwerk an und fragt die Gäste stets nach ihrer Meinung. Der *ghazel el-banet*, ein filigranes Nest aus Zuckerwatte, in das eine Hand voll Pistazien eingebettet wurde, ist nur eine der vielen Köstlichkeiten dieses Cafés. Zum Frühstück empfiehlt Abdul *knafeh*, zwei hauchzarte Teigblättchen, die eine Schicht geschmolzenen Käse umhüllen. Die Spezialität seines Hauses aber ist *halawet el-Jebn*, eine sündhafte Versuchung dünner Teigrollen, gefüllt mit Frischkäse,

Überall finden sich Versuchungen des Gaumens. Ob kräftig gesalzene Samen (oben) oder zuckersüßes Gebäck (unten), an jeder Straßenecke bieten Händler ihre unwiderstehlichen Leckereien feil.

Sahne, Zuckersirup und Rosenwasser. Sie sind ein echter Genuss, aber festlichen Anlässen vorbehalten – und bei diesen reichhaltigen Zutaten braucht man einen gesegneten Appetit, um nicht nach dem ersten Stück schon aufzugeben.

Die Straße ist das Reich der Kleingebäckhändler mit ihrem vielfältigen Angebot. Dieses in Saida sehr beliebte Backwerk ist eng mit der Zunft der Tischler verbunden, denn es wird in hölzernen Formen mit verschiedenen dekorativen Mustern geprägt. Der wichtigste Lieferant dieser Backformen ist Mohammed. Er ist einer von nur sechs noch verbliebenen Tischlern im Holzsouk. Seine Werkstatt, in der die Kreissäge nicht still steht, befindet sich in einem Keller. Ein dicker Teppich aus Sägespänen bedeckt den Boden und es riecht nach Harz und Holz. Unmengen von Backformen für die Bäckereien, aber auch Tische, Stühle und Hocker verlassen seine Tischlerei. Eine Spezialität sind die Holzlatschen für den Hammam, die aus einer Holzsohle und einem Riemen bestehen und in allen Größen und – je nach sozialer Stellung des Kunden – in mehr oder weniger aufwendigen Ausführungen angeboten werden.

Einmal pro Woche geht man in Saida in den Hammam. Alles, was man für den Badegenuss braucht, wird in einem tragbaren und mit kunstvollen Rosetten verzierten Metallkasten verstaut – Seife, Massagehandschuh, Bimsstein und Holzlatschen. Manch einer erscheint vorsorglich mit einem Schemel unter dem Arm, in der Hoffnung auf ein gutes Gespräch, das einem im Dampfbad die Zeit vertreibt.

Anschließend genehmigt man sich traditionell einen Tamarindensaft. Die Wasserträger, die ihre Kanister auf dem Rücken tragen, bieten das Getränk vor dem Hammam für ein paar Pfund an. Mit lautem Geklapper, das von Metallbechern herrührt, die sie rhythmisch gegeneinander schlagen, machen sie auf sich aufmerksam. Der bräunliche Fruchtsaft ist für seine entschlackende und erfrischende Wirkung bekannt.

Die größten Konsumenten dieses Durstlöschers sind jedoch die Polsterer. In der stickigen Luft ihrer Werkstätten, zwischen Bündeln von Wolle und Baumwolle leiden diese Handwerker, die noch alles in Handarbeit fertigen, unter der Hitze. Salah stellt schon seit seiner Kindheit Polster und Steppdecken her; heute hilft ihm sein Sohn bei der Arbeit. Die ursprünglich aus dem Kaukasus stammenden Vorfahren des Polsterers folgten einst der Karawanenstraße, die das Schwarze Meer mit dem Mittelmeer verband. Salah verarbeitet in seinem Geschäft im Souk Baumwolle für Dekorstoffe aus dem syrischen Aleppo und Wolle aus der Chouf-Region im Norden von Saida.

Die Rufe der Fischer, die lautstark die Vorzüge ihrer Ware anpreisen, schallen bis in Salahs Werkstatt. Der Fischerhafen und sein Markt, bescheidene Überreste eines einst bedeutenden militärischen und kommerziellen Knotenpunkts zwischen Orient und Okzident, teilen sich eine Straße mit dem Souk der Polsterer. Unablässig kehren Fischerboote in den Hafen zurück und versorgen die überbordenden Stände mit Sardinen, Meerbrassen, Thunfisch und Meeräschen. Damit die Ware nicht verdirbt, lagern die Händler einen Teil des Fangs lebend in großen, mit Meerwasser gefüllten Becken. Das beeindruckendste Exemplar ist der fliegende Fisch, den der Fischhändler Hassan mit Vorliebe dem staunenden Publikum vorführt. Indem er die großen Flossen des Tiers abspreizt, demonstriert er, wie sehr die feine, durchsichtige Membran den Flügeln einer Fledermaus gleicht. Weit draußen im Meer steigen die Fische aus dem Wasser auf, als wollten sie die Menschen höhnisch herausfordern. Die silbernen Lichtreflexe der Sonnenstrahlen, die von den Flossen zurückgeworfen werden, sind noch vom

Hafen aus zu sehen. Ein Stückchen vom Ufer entfernt ziehen Fischer, die bis zum Bauch im Wasser stehen, große Reusen hinter sich her. Gemessenen Schrittes durchkämmen sie den Meeresgrund in der Hoffnung auf einen außergewöhnlichen Fang. Ein begehrter Leckerbissen sind die kleinen Garnelen aus Saida. Man isst sie roh und mitsamt der Schale direkt am Stand.

Sobald die Abenddämmerung einsetzt, leert sich der Fischmarkt, und die Restaurants füllen sich langsam mit hungrigen Gästen. Der Libanon ist berühmt für seine gute Küche, sie gilt als die feinste des gesamten Nahen Ostens. Egal welches Restaurant man besucht: Der Mezze ist ein Ritual, das jeder anderen Speise vorausgeht. Das Sortiment dieser kleinen Häppchen zum Auftakt umfasst nicht weniger als 40 Gerichte aus Rohkost und Teigwaren. Doch bei keinem Essen darf das Tabuleh fehlen, ein Salat aus Bulgur, Petersilie, Tomaten, gehackten Zwiebeln, gewürzt mit Olivenöl und Zitrone. Hummus ist ein Püree aus Kichererbsen mit Sesamöl, das man zu jeder Tageszeit essen kann. Ebenso populär ist *labneh*, ein Quark, der süß oder salzig serviert wird. Die Stars der libanesischen Küche sind und bleiben aber der *khobz arabi*, ein Fladenbrot, das als Imbiss genossen wird und die *kahek*, runde, leicht gesüßte Hefebrötchen mit einem Loch in der Mitte, die auf Stangen aufgereiht von fliegenden Händlern in der ganzen Stadt verkauft werden. Mit Thymian gewürzt oder mit Datteln gefüllt, sind diese kleinen Brötchen eine beliebte Leckerei.

Einige Läden haben sich auf den Verkauf des *arrak*, des libanesischen Nationalgetränks, spezialisiert. Der Schnaps wird nach dem Destillieren mit Anis aromatisiert. Man muss ihn jedoch mit etwas Wasser verdünnen. Der Schnaps wird in kleinen Karaffen, *bat'has* genannt, serviert und aus Respekt vor dem islamischen Alkoholverbot nur im privaten Bereich getrunken.

Die Brüder Khalifeh sind die letzten Glasbläser, die *bat'has* noch nach alter handwerklicher Tradition herstellen. Ihren Rohstoff finden sie in den Basaren: Sämtliche Glasreste und Scherben, die auf der Straße liegen, werden eingesammelt und in ihre Werkstatt gebracht. Dort wird das Glas geschmolzen, eingefärbt und mundgeblasen. Seit der Antike hat sich das Verfahren kaum verändert. Der Glasbläser taucht einen hohlen, an einem Ende breiter werdenden Metallstab in das geschmolzene Glas, führt das Mundstück an die Lippen und bläst die Masse zu einer Kugel. Routiniert lässt der Glasbläser die Kugel schließlich durch die Luft kreisen, um sie in eine leicht zu verarbeitende Ausgangsform zu bringen. Aus dieser wird dann mithilfe von Zangen der gewünschte Gegenstand modelliert.

Historiker gehen davon aus, dass die Technik der Glasbläserei vor rund 2 000 Jahren in Sidon erfunden wurde. Die Reinheit des Sandes und der Reichtum an Pinienwäldern haben zum Ansehen der Glaskunst aus Saida beigetragen. Heute stellen Assan und sein Bruder Elias in erster Linie Wasser- und Weingläser, Teller sowie Windlichter her, die man in den Souvenirläden kaufen kann.

Saida ist eine kleine Stadt, die nicht in jedem Reiseführer über diese Region Erwähnung findet. Die Libanesen selbst meiden es nach Möglichkeit, da es für sie immer wieder ein Schauplatz des Konfliktes zwischen Israelis und Palästinensern ist. Der interessierte Besucher kann sich anhand der antiken Ruinen einen Eindruck von der einstigen Bedeutung Sidons und seiner bewegten Geschichte verschaffen und auf den Souks die bis heute lebendige Tradition Saidas erleben.

Der braune Tamarindensaft ist ein sehr beliebter Durstlöscher (oben). Auf dem Fischmarkt gibt es kleine, in Fett gebackene Fische, die von der Kundschaft sehr geschätzt werden.

Das Seekastell, Qala'at al-Bahr, ist nur einen Steinwurf von der Küste entfernt. Der im Jahre 1228 von den Kreuzrittern errichtete Wehrbau diente zum Schutz des Hafens (links). Der vollständig restaurierte »Khan der Franzosen« erstrahlt wieder in neuer Schönheit. Die im osmanischen Stil gebaute Karawanserei besteht aus einem rechteckigen Hof mit einem Springbrunnen, der von zweistöckigen Säulengängen umgeben ist (oben). Wenn die Mauern der Souks reden könnten – sie wüssten einiges von der ruhmreichen Vergangenheit des antiken Sidon zu berichten.

Orangen- und Bananenkulturen, Dattelhaine und Zuckerrohrplantagen prägen das Bild der südlibanesischen Landschaft. Viele der einheimischen Früchte sind auch auf den Souks erhältlich (oben). Alte Salons und Cafés säumen den Platz an der Großen Moschee und ziehen ein Klientel aus Honoratioren an, die Wasserpfeife rauchen und Karten oder Backgammon spielen (unten). Der Fischmarkt ist ein beliebter Treffpunkt der Männer zum Plaudern und Debattieren (rechte Seite).

LIBANON

TRIPOLI

Graue Betonbauten trüben den ersten Eindruck von Tripoli, der Hauptstadt des Nordlibanon, und verschleiern den Blick auf die glanzvolle Geschichte dieser alten phönizischen Stadt. Bereits im 9. Jahrhundert vor unserer Zeitrechnung unterhielten die Phönizier eine kleine Handelsniederlassung auf der Westspitze dieser Halbinsel, die später einmal an einem der wichtigsten Handelswege des gesamten Mittelmeerraums liegen sollte.

Um in die Medina zu gelangen, muss man das Ufer verlassen und sich einen Weg durch die von Autos verstopften Straßen bahnen, auf denen keine Verkehrsregeln zu gelten scheinen. Der historische Stadtkern wird im Norden von einem Platz begrenzt, auf dem sich ein 200 Jahre alter osmanischer Uhrturm erhebt, im Süden von der Zitadelle Qala'at Sanjil (benannt nach dem Heiligen Ägidius), die von den Kreuzfahrern in eine Kirche umgewandelt wurde, und im Osten von dem Fluss Abou Ali. Die Große Moschee markiert den Eingang in die Welt des Handels. Während das gleißende Sonnenlicht die weißen Fassaden erstrahlen lässt, liegt der Souk al-Sayaghin im Halbdunkel, ein dämmriger Schlupfwinkel, den ein paar Laternen vergeblich zu erhellen suchen. Einzig die Auslagen der Juweliere leuchten in dem fahlen Neonlicht. Armbänder, Halsketten und Ringe, sorg-

Mohammed Nadun Shamma ist der letzte Lautenbauer in Tripoli. Seit 48 Jahren übt er im Stadtteil at-Tall sein Handwerk aus (oben).
Die Große Moschee grenzt an den Souk der Juweliere, ein bizarres Nebeneinander der profanen und spirituellen Welt (rechte Seite und nächste Doppelseite).

sam nebeneinander aufgereiht, ziehen die Blicke an. Goldschmuck wird hier nach Gewicht verkauft. Frauen drängen sich vor den Geschäften, um ein altes, aus der Mode gekommenes Stück gegen ein Geschmeide aus einer neueren Kollektion einzutauschen. Verschleiert, aber sehr elegant und mit der ganzen Familie im Schlepptau, bevölkern sie die kleinen Schmuckläden. Endlose Debatten, ungestümes Gestikulieren und durchaus auch hitzige Ausbrüche gehören zum Ritual eines jeden Handels.

Mitten auf der Straße vor dem Eingansportal zum Khan as-Saboun sitzt Hassoun Badr über seine Arbeit gebeugt. Er könnte den Flitter für die Damen, den die benachbarten Händler seiner Meinung nach verkaufen, gut entbehren. Einzig die Seife genießt sein Wohlwollen. »Seife ist der beste Balsam für die geschundene Seele«, sagt er. Hassoun ist ein Poet. Während er von seiner Arbeit spricht, tanzen seine Hände ein eigenartig kreisendes Ballett und man fragt sich: Wer hat wen verzaubert, der Mann die Seife oder die Seife den Mann? Mit tausendfach geübter Bewegung raspelt der Handwerker die Seifenstücke mit einem Metallring zu Kugeln und glättet ihre Oberfläche. »Für eine ebenmäßige Kugel«, erklärt er, »braucht man viel Kraft im Handgelenk und das Gemüt eines Schafhirten.« Hassoun übt sich in diesem Handwerk, seit sein Vater ihn im Alter von fünf Jahren in den Beruf des Seifenmachers einweihte. Die Kunst besteht darin, immer dieselbe Bewegung in ständig gleich bleibender Weise und mit

Im Khan al-Saboun stellt die Familie Hassoun Seife her. Olivenöl ist eines der Grundbestandteile (oben). Jedes Stück wird mit dem Siegel des Hauses versehen (unten).

immer derselben Präzision auszuüben, wie es seit mehr als 800 Jahren in dieser Familie Brauch ist. Der *mdabbal* aus Tripoli ist in der gesamten arabischen Welt bekannt. Früher brachten die frisch vermählten Frauen als Zeichen ihrer Reinheit weiße, mit Amber und Sandelholz parfümierte Seife mit der Aussteuer in ihr neues Zuhause.

Das Geheimnis der Seifensiederei liegt im richtigen Verhältnis von Olivenöl, Ätznatron und Wasser; die jeweilige Mischung der Zutaten ist selbstverständlich ein Familiengeheimnis. Hinzu kommen Salz, natürliche Farbstoffe und eine Blütenessenz, die *may'a* genannt und vom Seifenmacher selbst destilliert wird. Diese Essenz sorgt dafür, dass die Seife ihren Duft bewahrt. Sind sämtliche Zutaten miteinander vermengt, folgt das Sieden des Seifenleims und das »Aussalzen«, bei dem die Rohseife von überschüssigem Wasser und Verunreinigungen befreit wird. Die zähflüssige Masse wird anschließend im Ganzen getrocknet, in Stücke geschnitten, geformt und mit dem Firmensiegel markiert. Die Seifen aus Hassouns Produktion sind auch für ihre heilende Wirkung bekannt. Mit Anis aromatisiert, pflegen sie fettige Haut, Mandelholzseife hilft gegen Akne, Ekzeme und Schrunden, Rosmarinseife lindert rheumatische Beschwerden, Muskatseife fördert die Konzentration, Minzseife schafft Erleichterung bei Asthma, und Jasmin wirkt entspannend. Hassouns Kunden sind zuallererst Patienten. Ob als therapeutische Arznei oder als Balsam für die Seele – Seife aus Tripoli ist mehr als ein reines Produkt zur Körperpflege, sie hat einen hohen Stellenwert im Alltag der Menschen. Und jeder Tripolitaner kennt den Khan as-Saboun, den »Seifenkhan«, ein stattliches Bauwerk aus dem 12. Jahrhundert, das einen viereckigen Hof mit einem Brunnen umgibt und den Osmanen als Kaserne diente. Heute jedoch ist es ein Zentrum der orientalischen Seifenproduktion.

Hassouns einziger Konkurrent in Tripoli wohnt einige Straßen weiter im Khan Masrin, der »Karawanserei der Ägypter«. Hier befanden sich früher einmal Unterkünfte für Handelsreisende und ihre Packtiere sowie ein Lager für die eingeführten Waren und Nahrungsmittel. Mahmoud Charkass und sein neunjähriger Sohn, der einmal der letzte Hüter der Familientradition sein wird, betreiben ihr Handwerk in einer Werkstatt im ersten Stock. Der Duft von Gewürzen und Blüten erfüllt den Raum. Die Familie Charkass stellt nicht nur Seife nach traditionellen Vorgaben her, sie kreiert auch immer wieder neue Produkte. Eine solche Neukreation ist beispielsweise »Football« – ein amüsanter Name für ein Stück Seife von makellosem Aussehen, glatt und glänzend wie eine Billardkugel. Auf dem Boden der Seifenmacherei stapeln sich Holzkisten mit Hunderten dieser bunt verzierten Kunstwerke. Mahmoud fertigt in erster Linie dekorative Einzelstücke, die im ganzen Libanon für ihre Schönheit und ihren verführerischen Duft gerühmt werden.

Eine Straße weiter verflüchtigen sich die blumigen Düfte, um würzigeren Aromen Platz zu machen. Eine an den Khan der Ägypter grenzende Straße gehört den Gewürz- und Kräuterhändlern. Zimt, Pfeffer, Kreuzkümmel, Jasmin, Rosen- und Muskatblüten erfüllen die Luft mit einem berauschenden Duft. Manche Läden bieten auch eine Auswahl an Toilettenartikeln, Haushaltswaren, Wäsche und Küchenutensilien an. Die Gewürz- und Kräuterläden erkennt man sofort an den großen, prall gefüllten Säcken, die direkt am Ladeneingang stehen. In einer dieser Schatzkammern schaltet und waltet der Apotheker und Kräuterhändler Maher. Er ist Erbe des elterlichen Betriebes; die Grundlage seiner Arbeit ist ein unermesslicher Reichtum an über Generationen gehütetem Wissen. Maher kennt Tausende von Rezepten für Tinkturen, Aufgüsse und Extrakte, die alle fein säuberlich auf vergilbtem Papier notiert sind. Mittel gegen Durchfall, Fettleibigkeit, Haarausfall, Husten, Schlaflosigkeit, Ekzeme – aber auch Aphrodisiaka wie *chelech el-zalloue*, den am häufigsten verlangten Artikel aus seinem Sortiment. Mit erstaunlicher Fingerfertigkeit mischt und mahlt Maher Pulver und Kräuter für Kunden jeden Alters, eine Mixtur aus sieben Ölen gegen trockenes Haar, ein Auszug aus Anissamen und Kamillenblüten gegen Nervosität – bei seinem breiten Angebot hat der Apotheker immer viel zu tun.

Ein paar Schritte weiter befindet sich der Souk der Schneider, Kayatin genannt, ein architektonisches Juwel. Der Markt wurde im 14. Jahrhundert erbaut und ist vollkommen stilecht restauriert. Er besteht aus einer langen, überdachten Gasse, an deren Seiten sich die Geschäfte auf zwei Etagen aneinander reihen.

Von morgens bis abends nähen die Straßenschneider mit altertümlichen, pedalgetriebenen Maschinen ihre Herren- und Damenkonfektion. Die Schaufenster der Ateliers locken mit prachtvollen Bauchtanzkostümen. Das Licht spiegelt sich in den mit Gold und Silber besetzten Foulards, die man um die Hüfte wickelt. Besondere Aufmerksamkeit gilt dem Büstenhalter, der unter den zahlreichen dekorativen Applikationen förmlich verschwindet. Der Kontrast zwischen den verschleierten Frauen und der schwülen Erotik dieser Kostüme könnte nicht drastischer sein.

Ein Stückchen weiter säumen Lebensmittelstände das Ufer des Abou Ali. Im Stadtteil Tabbaneh erhält man alles, was der libanesische Boden an Obst und Gemüse hervorbringt. Paprika, Kohl, Zwiebeln, Pampelmusen, Pfirsiche, Weintrauben, grüne Bohnen, Weinblätter, Kartoffeln und Tomaten türmen sich auf den Ständen. Die dicken, länglichen roten Datteln sind die Spezialität des Landes. Frisch schmecken sie knackig und angenehm süßlich.

Zu fast jeder Tageszeit genießt man den berühmten *mograbia*, der von fliegenden Händlern verkauft wird. Er wird aus Kichererbsen und Zwiebeln zubereitet und in ein Fladenbrot eingerollt gegessen. Ist der Hunger gestillt, streben die Männer ins Café, um Wasserpfeife zu rauchen. Eines der am besten besuchten Cafés der Stadt ist das Fahim gegenüber dem Glockenturmplatz im Stadtteil at-Tall.

Auch Mohammed Nadun Shamma trifft man dort jeden Tag. Der alte Mann findet hier die nötige Ruhe, um Zeitung zu lesen. Mohammed ist gelernter Tischler und der letzte Lautenbauer der Stadt. Seit seinem zwölften Lebensjahr spielt er das Instrument. »Das Schwierige beim Lautenbau ist der Wirbelkasten, der fast im rechten Winkel zum Hals angebracht werden muss. Dieses herrliche Instrument gibt es mit sieben, dreizehn oder einundzwanzig Saiten; sein Klang ist unglaublich schön«, erklärt er. Wie um seinen Worten Nachdruck zu verleihen, holt er ein Exemplar aus dem Jahre 1946 hervor, das erste Stück, das er ganz allein fertig gestellt hat. Seither hat er 403 Lauten gebaut, jede einzelne ist nummeriert. Zur Freude seiner Gäste stimmt der alte Mann einige orientalische Melodien an. Mit unendlicher Leichtigkeit streicht er die Saiten, während sich sein Blick irgendwo in der Ferne verliert.

Das alte Tripoli verströmt noch die Aura einer historischen Stadt. Obwohl dieser erste Eindruck der Stadt im Grunde täuscht – denn im Libanon ist man heute eifrig mit dem Wiederaufbau beschäftigt –, hat der Lebensstil der Tripolitaner durch den Krieg nichts von seinem Charme eingebüßt.

Die Seifenkugeln (oben) und Seifenriegel (unten) werden von Hand geformt. Jedes Jahr verlassen rund 60 Tonnen für den Export bestimmte Seife die Manufakturen von Tripoli.

In der Haraga-Straße befinden sich die Werkstätten der Polsterer. Die Familie Abib Saraj betreibt ihr Geschäft hier seit mehr als 60 Jahren (linke Seite). Pistazien, Erdnüsse und getrocknete, geröstete Melonenkerne sind für ein paar libanesische Pfund zu haben (oben), ebenso wie ein Becher Lakritzsaft (unten links) oder ein Glas Tamarindensaft (unten rechts).

Die Dattel ist das Sinnbild schlechthin der arabisch-muslimischen Welt. Auf jedem Markt im gesamten Maghreb und Maschrek ist sie vertreten (oben links). Mograbia ist ein traditionelles Gericht aus geschmorten Kichererbsen und Zwiebeln, das man in ein Fladenbrot einrollt und als Imbiss auf der Straße zu sich nimmt (oben rechts). Gekochter Mais wird in den engen Gassen der Souks angeboten (unten links), ebenso wie Fisch, den man überraschenderweise vor den Türen der Juwelierläden findet (unten rechts). An den Ufern des Abou Ali im Viertel Tabbaneh erstreckt sich der weit verzweigte Markt der Sunniten (rechte Seite).

SYRIEN

DAMASKUS

Der Souk al-Bzouriyeh ist das Reich der Gewürze. Die Luft ist erfüllt von ihrem wunderbaren Duft (oben). In den Gassen des überdachten Souks Hamidiye befinden sich die Geschäfte auf zwei Etagen. Das durchlöcherte Blechdach ist ein Zeugnis der bewaffneten Auseinandersetzungen während der französischen Besatzung im Jahre 1925 (rechte Seite).

Damaskus galt einst als die Muse der arabischen Dichter, die seine Schönheit gern mit der einer Frau verglichen. Ein syrisches Sprichwort lautet: »Die Einwohner Aleppos reden wie Männer, jene aus Damaskus reden wie Frauen.« Wie eine Erscheinung aus dem Paradies erhebt sich die Stadt aus der Wüste. Gesegnet vom Fluss Barada, leistete sich Damaskus früher noch Palmenhaine und blühende Gärten, während im Umkreis von vielen Kilometern nur karge Wüste zu sehen war. Die moderne Stadtentwicklung hat die Grünflächen zwar mehr und mehr zurückgedrängt, doch der einstige Zauber blieb Damaskus erhalten. Das Gesicht der Stadt ist stark und markant. Umhüllt von einem ockerfarbenen Schleier aus umher wirbelndem Sand, ist sie ein Juwel in der unwirtlichen Wüste.

Die heilige Stadt Damaskus ist untrennbar mit biblischen Personen verbunden: Abraham soll hier geboren worden sein, Moses hier begraben liegen, und die Mausoleen vieler Gefährten des Propheten mahnen ebenfalls zu religiöser Andacht. In der Großen Moschee in der Medina befindet sich ein Reliquienschrein, in dem sich der Schädel Johannes des Täufers befinden soll. Und man sagt, am Ende aller Tage werde Jesus vom ältesten Minarett der Omaiyaden-Moschee herabsteigen und den Antichrist, den Pajjal, töten. Damaskus ist eine leuchtende Stadt des Islam.

Ihr Held ist der legendäre Sultan Saladin. Der Feldherr und Gelehrte war es, der sämtliche Muslime unter seinem Banner vereinte und die Kreuzritter vernichtend schlug. Die Zeit konnte seinem legendären Ruf nichts anhaben. Das Grabmal Saladins in der Großen Moschee zieht noch heute zahlreiche Pilger an. Die vielen Heldentaten des charismatischen Sultans werden jeden Abend um neunzehn Uhr im Café An-Nofara nahe seiner Grabstätte erzählt. Auf einem Podium sitzend und einen Säbel schwingend, erzählt ein alter Herr die ritterlichen Abenteuer Saladins, während das Publikum zu seinen Füßen gebannt an seinen Lippen hängt. Nur die leise glucksenden Wasserpfeifen unterbrechen die Stille, wenn der Erzähler kurz verstummt, um Atem zu schöpfen. Hier schmückt sich die Geschichte mit ihrem schönsten Gewand.

Damaskus, die »Jahrtausendealte«, trägt die tiefen Spuren ihrer Begründer. Sie ist ein Schmelztigel der Architekturen, Menschen und Lebensweisen. Der Eingang zum Souk Hamidiye ist dafür ein eindrucksvolles Beispiel: Er befindet sich gegenüber der Omaiyaden-Moschee. Der im Jahre 705 begonnene Sakralbau wurde auf den Überresten eines Jupitertempels errichtet, der zu einer christlichen Basilika umgewandelt worden war, bevor daraus die heutige Moschee wurde.

Unter dem gewölbten Weißblechdach des Souks Hamidiye taucht der Besucher in die Welt der arabischen Märkte ein. Der Basar ist ein idealer Ort, um den Alltag der

Die Große Moschee der Omaiyaden ist eine der ältesten und berühmtesten der islamischen Welt (oben). Der Wasserträger kündigt sich mit lautem Rufen an (unten).

Einwohner Damaskus' kennen zu lernen. Die traditionellen Gewerbe befinden sich im Souk al-Bzouriyeh, südlich der Omaiyaden-Moschee. Die Branchen sind hier nicht strikt getrennt, sondern sie bilden eine pittoreske Melange: Hier der Laden eines Wunderheilers, erkennbar an den Waranen- und Schlangenhäuten, die er feilbietet, sowie an Schildkrötenpanzern, die vor dem Geschäft hängen. Dort ein Parfümeur, der, umnebelt vom Duft der Damaszenerrosen, die erlesensten Düfte kreiert. Im Souk wird die Nase ständig von der verschwenderischen Fülle unterschiedlichster Aromen umworben. Nur ein paar Schritte trennen die Läden von der berühmten Konditorei Ghraoui. In dieser Schatzhöhle für Feinschmecker türmen sich Bonbons in buntem Papier und kandierte Früchte. Die Familie rühmt sich, die besten kandierten Aprikosen in ganz Syrien herzustellen, ein in der ganzen Welt begehrter Gaumenschmaus. Die Süßigkeiten, die hauptsächlich während des Ramadan verzehrt werden, sind eine Schwäche der Muslime. Die begehrtesten Leckereien sind mit Pistazien gefüllt. Aprikosen, Birnen oder kandierte Pflaumen mit makelloser Glasur schmecken wunderbar, sind aber auch unglaublich süß.

Das Christenviertel Bab Touma ist eine Hochburg des Kunsthandwerks in Damaskus. Man gelangt dorthin, indem man den Gassen entlang der nördlichen Altstadt folgt. Hier gibt es zahllose Handwerksbetriebe. Die Könige unter ihnen sind die Kunsttischler. Einige christliche Familien fertigen bereits seit 150 Jahren die gleichen Modelle. Edelhölzer wie Nuss- und Zitronenbaum, Zeder, Aprikose, Olive oder Holunder werden noch in reiner Handarbeit zu kostbaren Möbeln verarbeitet und mit Perlmutt, Elfenbein oder Kamelhorn verziert. Holzschatullen, Kommoden, Stühle, Spieltische und Notenpulte, mit kunstvollen Mosaiken und Intarsien versehen, verlassen die Werkstätten. Die Kunst der Einlegearbeit besteht darin, mehrere Holzstäbe so zu einem einzigen Stab zusammenzufügen, dass ein geometrisches Muster entsteht. Anschließend wird er in hauchfeine, nicht einmal einen Millimeter dicke Scheiben geschnitten, die man auf

einen Holzträger aufklebt. Die Perlmuttintarsien verleihen dem nun vollendeten Werk den letzten Schliff und einen kostbaren Glanz. Für einen Trick-rack-Tisch – die französische Version von Backgammon, eine der populärsten Freizeitbeschäftigungen in Damaskus – braucht man mindestens 200 Holzteile. Viele Kursttischler gehören zur armenischen Gemeinschaft. Das christliche Leben ist in diesem Viertel sehr lebendig, wie die zahlreichen Kirchen unterschiedlicher Glaubensgemeinschaften und Konfessionen bezeugen.

Nicht weniger berühmt sind die Damastfabriken, in denen der schöne, einfarbige Stoff aus broschierten Seiden- und Wollgewebe hergestellt wird – eine Kostbarkeit mit satinartig glänzenden Mustern auf mattem Untergrund. Eine große Auswahl der aufgerollten Stoffe wird als Meterware im Seidensouk am Ende der Al-Hamidiye-Straße verkauft. Obwohl synthetische Stoffe mehr und mehr die edlen Gewebe verdrängen, findet man noch herrlichen, handgefertigten Brokat von beispielloser Qualität.

Die Souks von Damaskus sind endlos weit. Das Stadtleben hat eine lange Tradition in Syrien. Zahllose Gässchen durchziehen die Stadt, münden in weitere, ebenso enge Straßen, um sich gleich wieder zu verästeln und in andere Richtungen weiterzuführen. Jedes Viertel beherbergt seinen eigenen, mehr oder weniger großen Souk. Handel und Geschäft sind allgegenwärtig. Jede Gemeinschaft lebt in ihrem umgrenzten Bezirk. Doch obwohl Muslime, Christen, Juden und Kurden ihren eigenen Traditionen folgen, leben die Kulturen harmonisch miteinander und tragen zum kulturellen Reichtum und Ansehen der Stadt bei.

Damaskus macht selbst die Abgeklärtesten redselig. Ein weit gereister Besucher beschrieb die Stadt einmal mit folgenden Worten: »Wenn es ein Paradies auf Erden gibt, dann gehört Damaskus ohne Zweifel dazu, und wenn das Paradies im Himmel liegt, dann ist Damaskus sein irdisches Gegenstück«, so die Worte Ibn Djubairs, gestorben im Jahre 1217.

Die Gläubigen betreten die Große Moschee über den Westflügel (oben). Die Frauen sind gehalten, einen langen Mantel mit einer Kapuze zu tragen (unten).

137

In der Gebetshalle der Großen Moschee, einem riesigen, 136 Meter langen, rechteckigen Saal, der ganz und gar mit kostbaren Teppichen ausgelegt ist, befindet sich der Reliquienschrein mit dem Schädel Johannes des Täufers, der unzählige Pilger anlockt. Die Muslime verehren den christlichen Heiligen als Propheten mit dem Namen Yahia.

Einlegearbeiten gehören zu den eindrucksvollsten Beispielen für die hohe Handwerkskunst in Damaskus. Die beliebteste Freizeitbeschäftigung ist das stets reich verzierte Tricktrack-Spiel (linke Seite, oben links). Wenn die Männer gerade einmal nicht spielen, sitzen sie im Café An-Nofara, in dem ein Geschichtenerzähler von den Abenteuern des legendären Saladin berichtet (linke Seite, oben rechts). Die Wasserpfeifenraucher sitzen lieber auf der Terrasse, wo sie dem neuesten Klatsch zuhören können (linke Seite, unten). Den Eingang in den Souk Hamidiye erkennt man an den Propyläen des antiken Jupitertempels, einem Relikt aus der Zeit der römischen Herrschaft (oben).

Im Souk al-Bzouriyeh liegt auch die Apotheke von Doktor Aidi, der Waranen-, Eidechsen- und Schlangenhäute, Schildkrötenpanzer, getrocknete Igel und Heilkräuter zur Schau stellt, um Kunden anzulocken. Ein wenig weiter findet man die Parfümeure und Konditoren. In diesem Viertel ist das Miteinander selbstverständlich und die Achtung vor dem anderen eine Regel, an die sich jeder selbstredend hält.

Der Nusshändler präsentiert seine Ware sorgsam in Weidenkörbe gefüllt (linke Seite). Schokolade, Bonbons und kandierte, mit Pistazien gefüllte Aprikosen erhält man in der Konditorei von Abed Ar-rahman Al-Ouf bereits seit 1870 (oben links). Die Metallphiolen in der Parfümerie von Ahmad enthalten Rosenwasser aus der berühmten Damaszenerrose sowie Veilchenessenz und andere von Meisterhand kreierte Düfte (oben rechts). Im Souk der Schmiede hämmern die Männer mit rhythmischen Schlägen das Metall der Kupferkessel, bis sie die gewünschte Form haben (unten).

SYRIEN

ALEPPO

Seife aus Aleppo bietet eine erstaunliche Formenvielfalt (oben) – zur Freude der Frauen, die in den Dampfbädern des Hammam Yalbougha an-Nasri, einem wichtigen Ort der orientalischen Körperpflege, ausgiebig von ihr Gebrauch machen (rechte Seite).

Nahe der türkischen Grenze im Norden Syriens liegt Aleppo. Auf der durch die Stadt verlaufenden Nord-Süd-Route verkehrten einmal die Karawanen der Beduinen mit ihren Waren und verbanden den Orient mit dem Mittelmeer und Arabien mit Anatolien. Aleppo wurde zwangsläufig zum Drehkreuz zwischen Europa, Asien und Afrika. Noch heute strömen Kaufleute und Kunden unterschiedlichster Herkunft in Scharen in die Stadt, die zugleich eine Schnittstelle zwischen dem ländlichen und dem städtischen Leben ist.

Die Karawanenstraßen waren indes nicht nur Handelswege, über die Lebensmittel und andere Güter transportiert wurden, sondern auch jene Kanäle, die einen regen Gedankenaustausch ermöglichten und über die Religionen verbreitet wurden. Die kulturelle Vielfalt Aleppos ist ein Beleg dafür: Ein Gemisch aus Maroniten, Anhängern der syrisch-orthodoxen Kirche, aber auch Sunniten, Alawiten, Drusen, Ismaeliten, Schiiten und Juden – hier ist das ganze Spektrum der ethnischen Gruppen vertreten, die seit acht Jahrhunderten die Gesellschaften des Mittleren Ostens prägen. Stolz und mit würdevollem Gestus trägt jeder seine traditionelle Tracht, ob als Zeichen der Zugehörigkeit zu einer religiösen Gemeinschaft oder schlicht als Ausdruck einer Lebenshaltung; die Menschen leben miteinander, ohne sich in die Angelegenheiten anderer einzumischen. Am deutlichsten wird diese »Egalität« in den Geschäften der Händler, denn der Souk ist vor allem ein Ort des Handelns und der Begegnung, an dem die Unterschiede aufgehoben sind und der offen für jeden ist.

Zwischen der Zitadelle und der Großen Moschee befinden sich die Souks der Medina. Man betritt sie durch das Tor Bab Antakya, die Grenze zwischen Neustadt und historischer Altstadt, die zu den ältesten der Welt gehört. Sie wird bereits in sechstausend Jahre alten Schriften erwähnt!

Die Zitadelle von Aleppo thront auf einem steil ansteigenden Hügel, der die engen Gassen der Altstadt um mehr als 50 Meter überragt. Das Monument ist ein Glanzstück mittelalterlicher Festungsarchitektur und das Werk eines der siebzehn Kinder des Sultans Saladin. Obwohl die imposante Gestalt der Festung und ihre exponierte Lage die Einwohner Aleppos ständig an die wechselvolle Geschichte ihrer Stadt erinnern, versöhnt das Leben zu Füßen der Zitadelle die Vergangenheit mit der Gegenwart. Die Märkte in der Altstadt mit ihrem Wirrwarr von Gassen und Sackgassen gleichen einem Labyrinth. Aleppo stand – wie Damaskus – zunächst unter hellenischer, dann unter römischer Herrschaft. Im Straßenbild spiegelt sich das allerdings nicht mehr wider: Die Muslime, die ihre Energie hier auf die Entwicklung des Handels konzentrierten, führten die klassische Anordnung der Straßen aus der Antike nicht fort.

*Ein kunstvoll gear-
beiteter Khol-Tiegel
(oben). Halbmond
und Stern sind, wie
bei diesem Gefäß für
Lakritzsaft, beliebte
Motive in der Hand-
werkskunst Aleppos
(unten).*

Die zum großen Teil überdachten Gassen der Souks von Aleppo haben eine Gesamt-
länge von gut zehn Kilometern; an manchen Stellen sind sie so eng, dass zwei Esel
kaum aneinander vorbeikommen. Lautstark angetrieben von ihren Besitzern, bahnen
sich die Lasttiere einen Weg durch die Gassen, um die Geschäfte mit Waren zu beliefern. Daneben erschallt das Rufen der Lastenträger, die gewaltige Ladungen vor sich
her schieben. Das überreiche Warenangebot in den Basaren erinnert an den Glanz der
einstigen Handelsstadt. Überall offenbaren sich Wohlstand und prächtige Vielfalt in
den Auslagen der Geschäfte. Das Schillern der Stoffe, das Glänzen des Goldes, die
Unmengen von Gewürzen, Berge von Bonbons, rauchiger Ledergeruch, lieblicher Par-
fümduft – der Souk von Aleppo versetzt jeden Besucher in einen Schwindel erregen-
den Rausch der Sinne. Die Verlockungen des Gaumens sind allgegenwärtig. Kandierte
Aprikosen, geröstete und gesalzene Pistazien, Mezze, Schischkebab, Falafel … in der
Küche Aleppos mischen sich die Aromen des Mittelmeers mit der Würze des Orients.
Die Stände sind überhäuft mit appetitlichen Häppchen, und die Händler wachen unablässig über die Reichhaltigkeit ihres Angebots. Kaum sind ein paar Pistazien verkauft,
schon füllen sie die dreifache Menge nach. Mit perfektem Augenmaß türmen die Verkäufer ihre Warenberge auf und müssen anschließend über den Stand steigen, um
wieder in ihr Geschäft zu gelangen.

Eine besondere Sehenswürdigkeit von Aleppo sind die Seifenmanufakturen, die
zu den berühmtesten der arabischen Welt zählen. Der orientalische Sinn für Schönheit
ist hier die Maxime einer Lebenskunst, der sich das Volk in Aleppo mit Vergnügen hin-
gibt. Kein soziales Leben wäre denkbar ohne den regelmäßigen Besuch des Hammam
an der nächsten Straßenecke. Nur ein paar Schritte von der Großen Omaijaden-
Moschee entfernt befindet sich die Seifenmacherei Zanabili. Ein fast greifbarer Duft
von Oliven und Lorbeer verführt den Passanten zu einem Besuch in der Manufaktur.
In einer ehemaligen Karawanserei bemüht sich das Familienunternehmen Zanabili um
das Wohlbefinden der Einwohner Aleppos. Die Körperpflege ist eine Grundregel des
Islam, und diese bekannte Familie ist im Besitz der drei wichtigsten Seifenfabriken
Aleppos. Seit 400 Jahren sind die Zanabili im Seifengeschäft, und sie führen es fort im
sicheren Bewusstsein, dass sie eine wahre Kunst pflegen und einer traditionellen
Lebenshaltung Ausdruck verleihen. Die einzigartige Mischung aus Wasser, Soda, Olivenöl und Lorbeer wird in Aleppo bereits seit 1 000 Jahren angerührt. Ein Jahrtausend
lang haben sich die Handgriffe, das minutiös befolgte Herstellungsverfahren, die Hingabe an gute Arbeit erhalten. Ein Drittel der täglich insgesamt sechs Tonnen in Aleppo
produzierten Seife wird hier hergestellt – ein Drittel der 25 000 Stück Seife. Unzählige
zu perfekten Pyramiden aufgetürmte Seifenriegel, die neun Monate lang in der Dunkelheit eines mameluckischen Gewölbes ruhen. Der Aufwand, der erforderlich ist,
um den rohen Brei in ein festes Stück Seife zu verwandeln, ist beeindruckend: In
gigantischen Zubern wird eine helle Masse zusammengebraut, die anschließend in
flache Becken abgepumpt und gelagert wird. Geduld und die winterliche Kälte erledigen dann den Rest. Sobald die Masse ausgehärtet ist, wird sie mit einer Art Egge
geschnitten, mit dem Firmensiegel geprägt und zum Trocknen ins Lager gestellt, bis
eine Armada von Lastwagen die begehrten Riegel auflädt, um den gesamten Orient
damit zu beliefern. Männer und Frauen benutzen die duftende Seife gleichermaßen
verschwenderisch, im Altag, vor allem aber im Hamman, dem wichtigsten Ort der

orientalischen Körperpflege. Es ist ein Ort, an dem man diskutiert, sich gegenseitig mustert, wäscht, massiert, aber auch verhandelt – stundenlang, manchmal sogar den ganzen Tag. Künftige Schwiegermütter überzeugen sich bei einem Tee von der makellosen Schönheit der Versprochenen, Unternehmer machen im Dunst ihrer Wasserpfeife Geschäfte, Ehestifterinnen sondieren die jungen, heiratsfähigen Frauen in den Dampfbädern. Der Hammam ist ebenso ein Ort der Gerüchte wie der Körperpflege, an dem sich Männer und Frauen niemals begegnen, so will es der Islam.

Diese Atmosphäre ist auch in den Souks spürbar. Die überdachten Gassen liegen in geheimnisvolles Halbdunkel getaucht, verhüllte Gesichter, dämmrige Ladenräume und enge Durchgänge bieten einen fruchtbaren Nährboden für allerlei Machenschaften, die dem Fremden unverständlich bleiben – eine Schattenwelt zwischen Traum und Wirklichkeit. Hier ziehen sich die Tage endlos hin. Zeit ist bedeutungslos, und nur der Ruf des Muezzins unterbricht den Arbeitstag der Handwerker.

Man verlässt die Souks von Aleppo nicht, man wird förmlich hinausgestoßen. Hinter der Biegung einer Gasse steht man unvermittelt wieder in der modernen Welt mit ihren lärmenden Autos und den grell blinkenden Reklametafeln der klimatisierten Geschäfte. In dieser Welt gelten andere Gesetze als auf den Märkten in der Medina. Fast empfindet man es als eine Gegenwelt, die vor allem von breiten Verkehrsadern und glitzernden Boulevards geprägt ist.

Die Zitadelle überragt die insgesamt zehn Kilometer langen Gassen der Souks. Sie wurde zu Beginn des 13. Jahrhunderts von einem Sohn Saladins, dem Sultan Malik az-Zahir Ghazi, erbaut. Aleppo gilt als eine der ältesten Städte der Welt. Bereits im 3. Jahrtausend v. Chr. siedelten dort Menschen.

Der Kunstschlosser Abdel arbeitet in einer dunklen Werkstatt im Souk an-Nahazin (oben). Die Souks durchziehen das Zentrum der Stadt mit einem weit verzweigten Netz von Gassen, in denen der Handel regiert. Das Gewirr der Läden ist ein wohldurchdachtes Durcheinander, das einer klaren Logik folgt: Sie sind nach Handwerkszunft, Reinheit des Metiers und sozialer Stellung angeordnet. Die Haushaltswaren (rechte Seite) sind nicht in einem Viertel zusammengefasst. Wo immer sich noch ein Platz bietet, lassen sich die Händler von Küchenutensilien nieder.

Der Packesel (links) ist der »Verkehrsminister«, wie ihn die Araber nennen. Das Lasttier hat immer Vorfahrt und sorgt nicht selten für Staus in den engen Straßen. Ein großer Teil der Souks ist überdacht. Früher gab es dort nicht einmal Straßenbeleuchtungen (oben).

Im Souk as-Saqqatiye werden Wasserpfeifen hergestellt. Ein Meer von Schläuchen, die darauf warten, auf den Glasfuß gesetzt zu werden (oben links). Der Hennaverkäufer beeilt sich, den Wünschen seiner Kundschaft nachzukommen (unten links), während der benachbarte Schuster sich Zeit für einen Plausch nimmt (rechts). Trotz ihres geringen Alters arbeiten diese jungen Schmiede mit geradezu herkulischer Energie (rechte Seite).

Der Souk asch-Schona existiert seit 800 Jahren. Mahmoud al-Khessaime betreibt dort das Handwerk der Kelimweberei (oben links). Mit einer eleganten Bewegung lässt er die mit rotem Faden bestückten Webschiffchen durch das Gewebe gleiten (unten links). Am Fuße der Zitadelle lassen die Färber aus dem Khan Nasser auf den Dächern der Häuser bedruckte Foulards und Tischdecken in der Nachmittagssonne trocknen (rechts). In der Nähe der Großen Omaijaden-Moschee härtet in der Manufaktur der Familie Zanabili Seife aus (rechte Seite, oben), bevor sie in Riegel zerschnitten und für neun Monate zum Trocknen eingelagert wird (rechte Seite, unten links). Vor der Auslieferung werden Herkunft und Bestimmungsort auf dem Produkt vermerkt (rechte Seite, unten rechts). Die Tagesproduktion beträgt sechs Tonnen; das sind 25 000 Stück Seife!

MOSUL

Die kurdischen Dolche sind das Werk von Subhy, dem letzten Messerschmied der Stadt und Hüter eines 800 Jahre alten Handwerks (oben). Ein Wahrzeichen Mosuls ist das gekrümmte Nuri-Minarett. Der Legende nach hat sich das Minarett beim Aufstieg Mohammeds in den Himmel vor dem Propheten verneigt (rechte Seite).

Eine 400 Kilometer lange Route trennt die irakische Hauptstadt Bagdad und die Kapitale der Provinz Ninawa voneinander, eine schnurgerade, vierspurige Autobahn den Tigris entlang. Die mit ausgedehnten Bewässerungskanälen durchzogenen landwirtschaftlichen Flächen weichen schließlich den Betonbauten in den Außenbezirken der »Stadt der zwei Frühlinge«, so genannt wegen ihres milden Klimas.

Mosul verdankt sein internationales Renommee dem nach ihm benannten Musselin. Schon im 7. Jahrhundert war Syrien der größte Baumwolllieferant im gesamten Mittelmeerraum. Im alten Orient war es Mesopotamien, das die Wolle nach Mosul exportierte, wo sie zu einem feinen und lockeren Gewebe verarbeit wurde, aus dem man Gewänder, Turbane und Stolen anfertigte. Heute jedoch wird dieser Stoff nicht mehr verwendet.

Mosul wurde zu Beginn der islamischen Zeitrechnung an den Ufern des Tigris gegründet. Die heutige Stadt liegt gegenüber dem antiken Ninive, der einstigen Hauptstadt Assyriens, deren Geschichte bis ins 2. Jahrtausend v. Chr. zurückreicht. Die Bedeutung Mosuls beruhte auf seiner strategischen Lage an der Schnittstelle zwischen ganz unterschiedlichen Regionen: Von hier gelangt man zu den Ebenen des historischen Assyriens, dem Hügelland Kurdistans, den Steppen der Djezireh und dem Massiv des Djebal Sindjar. Dieser Umstand erklärt die außerordentlich heterogene Struktur der Bevölkerung Mosuls. Sie besteht in der Mehrzahl aus arabischen Muslimen und Christen, aber auch eine bedeutende Zahl von Kurden assyrischer Abstammung sowie Nestorianer und Jesiden haben sich im Laufe der Jahrhunderte hier angesiedelt. Die Nestorianer entzweiten sich bereits im 5. Jahrhundert mit der katholischen Kirche über die Frage der Einheit von göttlicher und menschlicher Natur in Christus. Die unter Kurden verbreitete Religion der Jesiden vereinigt Elemente altorientalischer Religionen, des Persismus, des Islam und des orientalischen Christentums.

Das bunte Völkergemisch macht Mosul zu einer schillernden Stadt, einer Stadt, die ihren Traditionen verbunden und vom Lebensrhythmus ihrer Bewohner geprägt ist, einfach und bodenständig einerseits, zugleich aber auch offen für die Errungenschaften der Moderne.

Das historische Zentrum von Mosul bietet einen interessanten Kontrast zu den umliegenden Stadtbezirken. Die Große Moschee Minar al-Hadba streckt ihr schiefes Minarett wie einen weisenden Finger in den Himmel. Der Legende nach soll es sich nach dem Eingang des Propheten Mohammed ins Paradies huldigend vor ihm verneigt haben. Der spirituelle Nachhall dieser Fabel scheint das profane Leben in den Souks der Medina zu Füßen der Moschee allerdings nicht im Geringsten zu beeinflussen. In

Das »himmlische Manna« ist eine Leckerei, die wie türkischer Honig gegessen wird (oben). Eine besondere Spezialität der Stadt sind die Rinds- und Hammelwürste (unten).

den gewundenen Gassen widmet sich das Volk unbeeindruckt dem Kauf und Verkauf – der Handel mit seinen aus anderen Städten des Orients allfällig bekannten Ritualen beherrscht auch hier das alltägliche Leben.

Der Markt der »Bastler« bietet Reparaturdienste aller Art an. Schrotthändler, Scherenschleifer, Eisenwarenhändler und Blechschmiede verarbeiten und flicken jedes nur erdenkliche Stück Metall. Da ihre Läden mit allem möglichen wiederverwertbaren Material vollgestopft sind, sitzen die Handwerker, über ihr Werkstück gebeugt, auf selbst gefertigten Stühlen auf der Straße. Über dem Souk schwebt ein anarchisches Getöse wie die misstönende Melodie eines verstimmten Orchesters.

Wenn sich die Müdigkeit bemerkbar macht, gönnt man sich einen kleinen Imbiss. In der Nineveh-Straße wimmelt es von *torchi*-Verkäufern. *Torchi* sind eine Art Gewürzgurke – ein bei den Einwohnern Mosuls beliebter und ausgiebig genossener Appetizer. Das Angebot der regionalen Spezialitäten übertrifft bei weitem das der importierten Produkte. Hier sind es prall gefüllte Schalen *beza*, Schafskäse mit Kräutern, dort hängen Kränze von Rinds- und Hammelwürsten. Der Schlachter von Bab Serail ist eine stadtbekannte Persönlichkeit. Die Beliebtheit seiner Produkte beweist die Tag für Tag in die berühmte Schlachterei strömende Menge. Doch die Konditoreien genießen keinen geringeren Ruf. In der Najafi-Straße findet man Stände mit *baklawa, shaarir, sedjak,* köstliches Gebäck aus Rohrzucker, Honig und allerlei Sorten von zerstoßenen Nüssen, aromatisiert mit Rosen- oder Orangenblütenwasser. Dazu gesellen sich die verschiedensten Sorten Nougat, Bonbons, kandierte Früchte und reichhaltige Kuchen. Ganz zu schweigen von dem berühmten *mena sema*, dem »himmlischen Manna«, das aus dem Saft eines Baumes in der Provinz Sulaimaniya hergestellt und als weißlicher Teig mit einer dicken Schicht Puderzucker verkauft wird. Diese Leckerei, die man wie türkischen Honig isst, war bereits in der Antike eine irakische Spezialität und wird sogar in der Bibel erwähnt. Die Najafi-Straße ist ein Paradies für Feinschmecker.

Den ganzen Tag über scheinen sich die Menschen im Orient an Süßigkeiten zu delektieren und an irgendeinem kräftigen, mit Kardamom gewürzten Gebräu zu nippen. Doch der Genuss der Wasserpfeife geht über alles. Der Tabak gelangte um 1600 aus Amerika in den Orient. Im Irak wird er heute in den nördlichen Regionen Erbil und Sindjar angebaut. Haydur ist Tabakverkäufer im Souk Sawafi. Wie viele Bewohner Mosuls ist er Kurde. Man erkennt sie an ihrer Kleidung, dem *seroual* aus grauem Tuch, den ein großer Stoffgürtel zusammenhält, und dem kragenlosen Hemd unter einer kurzen, eng anliegenden Jacke. Auch bei den Kurden, die dem islamischen Glauben der Sunniten angehören, besteht die bei allen Menschen des Orients verbreitete Scheu, mit unbedecktem Kopf herumzulaufen. Der Respekt vor Gott gebietet es, eine Kopfbedeckung zu tragen, und so hält sich auch Haydur an diese Regel. Seinen Kopf schmückt der traditionelle *keffieh* genau wie das Haupt von Scheich Our Jader Ali, dem Schneider der kurdischen Gemeinschaft. In seinem Geschäft im Souk Djumruk al-Kebir arbeitet der kleine Couturier, über seine alte Nähmaschine gebeugt, im schwachen Schein einer Neonleuchte, die ihn in grünes Licht taucht. Die Kultur der Kurden ist in Mosul sehr lebendig. Die von den Ariern abstammende Volksgruppe spricht ihre eigene, eine dem Altpersischen verwandte Sprache und verleiht der Stadt ein ganz besonderes Flair. Subhy ist eine bedeutende Persönlichkeit im Souk Haraj: Er ist der letzte kurdische Messerschmied in Mosul. Seine Klingen aus gehärtetem Stahl sind von bemerkenswerter

Qualität. Die Krummdolche sind das Statussymbol der Männer, ein Sinnbild ihrer Man-
neskraft und Erkennungszeichen der Sippe, der sie angehören. Sobald die Jungen
erwachsen werden, tragen sie die Waffe am Gürtel. Die Größe der Klinge ist abhängig
vom Alter ihres Besitzers und die dekorativen Ornamente, die Heft und Futteral des
Messers zieren, sind ein Hinweis auf seinen Reichtum. Je wohlhabender der Träger,
desto kunstvoller ist der Dolch verziert. Der fein ziselierte Stahl ist mit Intarsien aus
einem anderen gehämmertem Metall versehen. Die Motive sind überaus kunstvoll.
Die »Mosuler Schule« ist bekannt für ihre Kampf-, Jagd- und Feierszenen, für ihre
Tierdarstellungen und Kalligraphien. Subhy ist ein Meister in der Kunst des Messer-
schmiedens. Sein Ruft reicht weit über die Grenzen der Stadt hinaus.

Nur einen Steinwurf von den Souks entfernt fließt träge der Tigris. Am Abend
versammeln sich die Alten gern am Ufer des legendären Flusses. Einige schwatzen
stundenlang und verlieren sich mit theatralischen Gesten in endlosen Debatten über
Gott und die Welt. Andere beten gedankenverloren die dreimal 33 Perlen ihrer *mis-
baha*, einer Art Rosenkranz, herunter, selbstversunken auf den Tigris blickend, einen
trüben gelben Fluss, der den Schlamm langsam durch das Flussbett wälzt. Sie kehren
ihrer Stadt den Rücken zu, ohne sich jedoch von ihr abzuwenden. Es genügt ihnen,
dem Raunen zu lauschen, das über die Gassen zu ihnen hinüber dringt.

*Haydur verkauft
Tabak aus Sindjar
(oben links).
Kürbiskerne sind in
Mosul besonders
beliebt (oben rechts).
Die Wüstentrüffel
stammen aus Hatra
im südlichen
Kurdistan (unten).*

Der Eisenwarenhändler der Stadt verkauft Ketten als besondere
Werkzeuge für bestimmte Arbeiten ebenso wie Kochtöpfe (oben). Jeden
Abend trifft sich die kurdische Gemeinschaft in den Cafés der Stadt, um
in diesen bewegten Zeiten über Politik zu diskutieren (unten). In der
Midam-Straße, dem Viertel der Eisenhändler, packt jeder mit an. Nach
der Schule versorgen die Kinder die Handwerker mit Tee und Kaffee,
um sich ein paar Dinar dazuzuverdienen (rechte Seite).

Auf der Nineveh-Straße verkaufen Khairi und Khaled torchi, in Essig und Curry eingelegtes Gemüse (linke Seite, oben links). Der Kaffeeverkäufer lässt auf seiner Runde keine Tür aus (linke Seite, oben rechts). Mahmoud importiert Seife und Massagehandschuhe aus Aleppo (linke Seite, unten links). Abdel Kadoum Assan betreibt in der Al-Khatba-Straße einen Laden für Matratzen und Bettdecken (linke Seite, unten rechts). Thania, ein stadtbekannter Schlachter im Viertel Bab Serail, rühmt sich, die beste bastuma (geräuchertes Fleisch) Mosuls zu machen (oben). Ein Straßencafé (unten).

BAGDAD

Bagdad erhebt sich wie aus dem Nichts. Aus der Ferne sieht man die Hitze über der riesigen Stadt flirren. Die unbarmherzige Wüste weicht erst an den Häusern am Stadtrand zurück.

Bagdad blickt auf eine glanzvolle Geschichte zurück, doch von der glorreichen Vergangenheit ist ihm kaum noch etwas geblieben. Nur in Büchern hat sie überdauert, nur dort kann der Interessierte über den einstigen Ruhm der Stadt nachlesen. Einst wurde sie »Medina as-Salams«, Stadt des Friedens, genannt, in Anlehnung an die Vorstellung vom Paradies im Koran.

Bagdad wurde im Jahr 762 vom abbasidischen Kalifen Djafar al-Mansur am Westufer des Tigris gegründet, an der Kreuzung bedeutender Handelsstraßen zwischen Persien, dem Mittelmeer und Anatolien. Der Kalif konsultierte einen Astrologen, bevor er die Stadt seiner Träume errichtete. Gut 100 000 Bauarbeiter und Ziegelbrenner waren im Einsatz, um das Werk innerhalb von nur vier Jahren zu vollenden. Ursprünglich hatte die Stadt einen kreisförmigen Grundriss und war von drei konzentrischen Stadtmauern umgeben. Die innere Mauer umschloss den Palast des Kalifen, die mittlere die Armeeanlagen, und die äußere das Wohngebiet. Das Händlerviertel mit den Basaren befand sich außerhalb der Stadtmauern.

Unter der Herrschaft des Kalifen Harun ar-Rashid, bekannt aus den berühmten Erzählungen aus 1001 Nacht, erlebte die Stadt im 9. Jahrhundert eine Blütezeit. In dieser Zeit breitete sich die Stadt auf das Ostufer des Tigris aus, wo später das Zentrum des heutigen Bagdad entstand. Zwar endete die Blütezeit nach der Herrschaft Harun ar-Rashids, Bagdad blieb jedoch trotzdem noch vier Jahrhunderte lang ein wichtiges Handels- und Kulturzentrum.

Die historischen Teile der Stadt und die Bezirke jüngeren Datums sind durch Brücken über den Tigris miteinander verbunden. Manchmal dauert es mehr als eine Stunde, um von einem Ufer zum anderen gelangen. Eine dicht gedrängte Blechlawine schiebt sich über die Hauptverkehrsachsen Bagdads. Hupkonzerte und das Quietschen der Reifen sind allgegenwärtig. Die Fahrer scheren sich zwar nicht im Geringsten um Verkehrsregeln, doch aufregen tun sie sich nie. Höflichkeit und Duldsamkeit sind hoch geschätzte Tugenden.

Auf dem Westufer des Tigris befindet sich das schiitische Viertel mit seinem weitläufigen Souk Khadimiya. Man betritt ihn über die Moschee al-Kazimain, eine der größten heiligen Stätten der Schiiten in der gesamten arabischen Welt. Zwei majestätische, mit Gold bedeckte Kuppeln, umgeben von vier Minaretten, die sich in schwindelnde Höhen strecken, mahnen die Menschen zur Demut und Gottesfurcht. Händler verkaufen am Eingang zur Moschee allerlei Devotionalien. Gebetssteine in allen Größen,

Die Öllampen in den Souks von Bagdad erinnern an Aladins Wunderlampe und beschwören die Märchen aus 1001 Nacht herauf (oben). Durch das Portal der Goldenen Moschee al-Kazimain sieht man die Zwillingskuppeln des schiitischen Heiligtums mit den Gräbern der Imame Musa al-Kazim und Mohammed at-Taqi. Sie werden von vier Minaretten flankiert (rechte Seite).

Der Tigris teilt Bagdad in der Mitte. Für die Mandäer, Anhänger der Täuferbewegung, ist sein Wasser von reinigender Kraft und unverzichtbar für die Taufe und andere religiöse Zeremonien. Vom Ufer des Flusses aus erkennt man die Madrasa Al-Mustansiriya, eine 1234 gegründete Koranschule, und dahinter das Minarett von al-Asafiya, das im 17. Jahrhundert zu dem Kloster eines Sufiordens gehörte.

So fleißig die Einwohner Bagdads sind, so gerne spielen sie auch eine Partie Domino (oben). Arrak ist ein Schnaps, der mit Anis aromatisiert und mit Wasser verdünnt genossen wird (unten).

gebrannt aus Ton, der aus dem heiligen Kerbala stammt, wo der Imam Husain begraben liegt, und aus Nadjaf, wo sich das Grab des Imam Ali befindet. Die Moslems berühren den flachen Stein mit der Stirn, wenn sie sich während des Gebets vornüberbeugen. So erkennt man den religiösen Eifer der Gläubigen an dem mehr oder weniger deutlichen Abdruck, den sie nach dem Gebet stolz auf ihrer Stirn tragen.

Der Vorplatz der Moschee spiegelt die Atmosphäre des angrenzenden Souks wider: Hier herrscht rege Geschäftigkeit. Handwerker, Verkäufer, Tagelöhner und Facharbeiter gehen ihrer Arbeit nach. Mitten in den engen Gassen, die kaum passierbar sind, ohne die Entgegenkommenden zu berühren, haben Händler die Karren mit ihrem Trödel postiert. Junge Männer bahnen sich mit riesigen Tabletts auf dem Kopf einen Weg durch das Gewühl in die Läden, wo sie ein Stückchen *halawa charga* anbieten, einen beliebten Pfannkuchen aus Mehl, Zucker und Öl. Ein Stück weiter hört man das Dröhnen der Maschinen in einer Großwäscherei. Dampfschwaden wabern durch den Raum, aus denen ab und zu von der Anstrengung verzerrte Gesichter auftauchen.

Außerhalb des Souks ist das Westufer des Tigris eher eine Flaniermeile der gesellschaftlichen Elite. Hier begegnet man den betuchten Gästen der Grandhotels, die am Abend in den Fischrestaurants am Ufer speisen. Es wird der traditionelle *masgouf* serviert, große Flussfische, beispielsweise Karpfen, die auf dem Holzfeuer gegrillt werden. Gegessen wird er mit den Fingern in stimmungsvollem Ambiente. Von den Terrassen der Restaurants blicken die Gäste auf die langsam vorbeiziehenden Schiffe.

Im östlichen Teil der irakischen Hauptstadt erreicht das geschäftige Treiben seinen Höhepunkt. Die Rachid-Straße entlang des Tigris gehört zu den lebendigsten der Stadt. Mit ihren Arkaden, deren Schatten Schutz vor der unerbittlichen Sonne spenden, und ihren mehr als gut besuchten Geschäften ist sie ein Lebensnerv Bagdads. Cafés säumen die Einkaufsstraße und sind ein beliebter Treffpunkt. Im Inneren sind Bänke aufgestellt, die ungehinderten Blick über den Raum bieten und die Gelegenheit, in aller Ruhe die anderen zu beobachten – ein beliebter Zeitvertreib der Männer. Das Gurgeln der Wasserpfeifen ist die einzige Geräuschkulisse dieser Orte der Stille.

Nur ein einziges Café wagt es, auf sich aufmerksam zu machen: Es trägt den Namen der Sängerin Umm Kulthum, der es gewidmet ist. Die Wände sind vollgehängt mit Porträts und vergilbten Fotografien des legendären Stars, gewissermaßen der ägyptischen Callas. Hier lauscht man dem Gesang beinahe mit religiöser Andacht bei einem süßen schwarzen Tee. Ein altersschwacher Ventilator rührt vergeblich in der vor Hitze zähen Luft. Ein wenig weiter befindet sich das Café Husain Ajemi, ein bekannter Treffpunkt der Intellektuellen und Dichter, die sich hier jeden Freitag einfinden, um Kostproben ihrer geschliffenen Rede zu geben.

Nebenan verkauft das Geschäft Sbala seit mehr als 100 Jahren die besten Traubensäfte im gesamten Irak. Der Limonadenverkäufer durfte in seinem Laden schon die prominentesten Persönlichkeiten des Landes bewirten. Stolz präsentiert er die Fotografien, auf denen Könige und Präsidenten mit einem Glas Fruchtsaft in der Hand für die Nachwelt posieren.

Weiter die Rachid-Straße entlang gelangt man in das Viertel Mutanabi, das sich jeden Freitagmorgen in einen riesigen Büchermarkt verwandelt. Literarische Werke und Lehrbücher türmen sich auf den Gehsteigen und werden für einen Spottpreis angeboten. Man reißt sie sich förmlich aus der Hand und überbietet sich gegenseitig.

Die Iraker sind ein lesebegeistertes Volk, doch der niedrige Lebensstandard erlaubt kaum jemandem, neue Bücher zu kaufen. Bleibt nur der Griff zum Buch aus zweiter Hand, das für Schüler und Studenten nicht weniger wertvoll ist. Sogar alte Ausgaben in französischer oder englischer Sprache gibt es dort zu kaufen.

Mittags, wenn sich die Märkte leeren, finden sich die Männer gerne in Karims kleinem Schmuckladen ein. Ausgedehnte philosophische Debatten entspinnen sich, während sich der Juwelier seinen Kostbarkeiten widmet. Über einen Haufen Edelsteine aus Afghanistan und Indien gebeugt, eine Pinzette in der Hand und das Vergrößerungs-glas vor seinem Auge fixiert, arbeitet Karim sie Stück für Stück in die Ringe ein. Der Juwelier ist Mandäer, Anhänger einer monotheistischen, nicht christlichen Glaubens-richtung, deren zentrale Gestalt Johannes der Täufer ist und die im Irak eine Gemein-schaft von etwa 15 000 Anhängern umfasst. Das wichtigste Sakrament ihres Glaubens ist die Erlösung durch die wiederholte Taufe in fließendem Wasser, die sie im Tigris vollziehen. Das historische Mesopotamien ist die Wiege der Heiligen Schriften; ihre Anhänger sind ihr lebendiges Vermächtnis. Die Juwelierskunst ist eine allein den Mandäern vorbehaltene Domäne, ein Handwerk, das sie brillant beherrschen.

Einen halben Kilometer von Karims Geschäft entfernt befindet sich der Gewürz-markt. Der seit dem 19. Jahrhundert bestehende Souk al-Shorja liegt zwischen der Rachid-Straße und der Al-Khulafa-Straße. Hier findet man die seltensten Gewürze und Heilpflanzen in Hülle und Fülle. Auf den Marktständen stapeln sich Bonbons, geras-pelte Kokosnüsse, Samen, getrocknete Zitronen, kandierte Aprikosen, Rosinen, Kicher-erbsen – und natürlich Berge von Datteln, ein Wahrzeichen des Landes. 38 Prozent aller Dattelpalmen der Welt wachsen im Irak, wo es über 500 verschiedene Arten gibt. Bei den Bewohnern Bagdads gilt sie als »Baum des Lebens«. Den ganzen Tag genießen sie seine Früchte und bieten Passanten bereitwillig eine Hand voll an.

In diesem Souk findet man auch die Gemischtwarenhändler, die so gut wie alles verkaufen – Schnüre, Kerzen, Girlanden, Getränkefarbstoffe … Das Sortiment der Läden für Schulbedarf wird ausnahmslos aus China importiert, wie die asiatischen Figuren auf den Einbänden der Schulhefte verraten.

Je näher man dem Tiermarkt kommt, desto dichter wird das Gedränge. Für die Ein-wohner Bagdads ist er nicht bloß ein Warenumschlagplatz, sondern eine echte Attrak-tion. Der Basar ist rings um einen kleinen Platz in der Djumhuriya-Straße angesiedelt und verliert sich dann in den verschlungenen Gassen. Dort werden Vögel wegen ihres schönen Gesangs und ihrer Farbenpracht verkauft. Kinder bestaunen die kleinen Tiere mit ihrem hübschen bunten Gefieder. Doch auch die Zierfische in den Aquarien wer-den bewundert. Eine ausgelassene, neugierige Menge drängt sich um die feilgebotenen Tiere. Ein Stückchen weiter teilen sich Hunde und Katzen das Terrain mit dem Geflügel. Zudem werden auch Schlangen, Adler und Falken angeboten.

Wie Ali Baba aus 1001 Nacht einst sein berühmtes »Sesam, öffne dich!« aus-sprach, so sollte man die überholten Klischees, die auf Bagdad lasten, aus dem Geist verbannen, um den märchenhaften Schatz zu erkennen, den die Stadt verbirgt. Obwohl die Stadt unter der unvorstellbar harten Situation des Krieges zu leiden hat, ist sie nach wie vor voller Zauber. Trotz der gewaltsamen Umbrüche der letzten Jahre ist Bagdad – wie uns scheint, mehr als je zuvor – mit seinen Menschen und seiner Lebensart ein Sinnbild für den alten Orient und die Antike.

Mandäer sind gute Gold- und Gefäß-schmiede. Ihre Kaffeekannen haben sehr lange Tüllen (oben). Gebetsketten und Gebetssteine werden vor der Mo-schee Al-Kazimain verkauft (unten).

Die Rachid-Straße ist berühmt für ihre Cafés (rechte Seite), wo sich die Männer gerne zu einer Partie Schach treffen (oben links) und dabei zibib trinken, ein Getränk auf der Basis von eingelegten Rosinen. Das Café Umm Kulthum ist der ägyptischen Sängerin gewidmet, deren Porträt die Wände schmückt (oben rechts). Freitags spielen traditionelle Bands in den kleinen Restaurants (unten), wo man den masgouf serviert, über Holzkohle gegrillten Fisch aus dem Tigris.

Seit 40 Jahren ist der schiitische Seilhändler im Souk asch-Shorja (linke Seite, oben links) der Freund und Nachbar des Spezialisten für sunnitische Devotionalien (linke Seite, oben rechts). Ein in Bagdad florierendes Gewerbe ist der Verkauf von einzelnen Zigaretten (linke Seite, unten links). Wasserpfeifen werden, wie in diesem Café im Stadtteil al-Safafir, vom Kellner präpariert (linke Seite, unten rechts). Der Gewürz-Souk von asch-Shorja wird auch für sein reiches Angebot an Süßigkeiten gerühmt (oben). Auf einigen Märkten gibt es Unmengen von aus China importierten Kunststoffartikeln (unten).

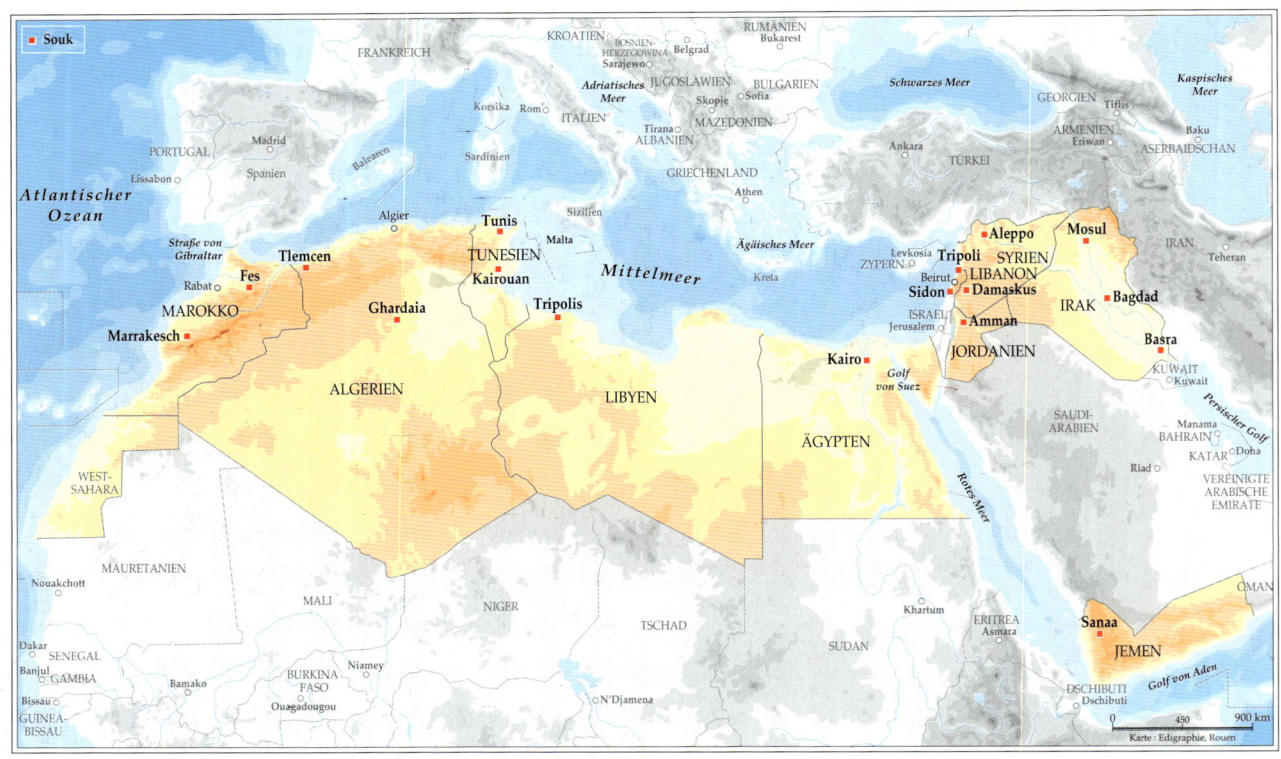

Marokko

Wir bedanken uns beim Palais Jamaï in Fès sowie bei Philippe Flavier.

Algerien

Dank an Amel Benouniche und die Fluggesellschaft Khalifa Airways.

Tunesien

Großen Dank an das Office National du Tourisme Tunisien und seinen Vertreter Monsieur Fetni sowie an Samia Matteï.

Libyen

Nichts wäre möglich gewesen ohne unseren Freund Henri Kassys von K'sys Communica-

tion. Dank gebührt auch LTT Chabani, Austrian Airlines und der sehr zuvorkommenden Waltraud Leutner.

Ägypten

Dank an unsere Begleiterin Suzanna Kamel und erneut an Austrian Airlines.

Jemen

Die Reise in den Jemen wäre nicht möglich gewesen ohne die Yeménia Airlines, Herrn Al Arrasha, Henri Kassys sowie die Gesellschaft Panarabia und Marc Depin.

Jordanien, Syrien und Libanon

Dank gebührt einmal mehr den bereits

Erwähnten, ebenso an Austrian Airlines, Henri Kassys und unseren Freund Ghassan Idris.

Frankreich

Der Fotograf möchte der Agentur Gamma für die Förderung dieses Projektes danken, besonders Cyril Drouhet, Jean-Pierre Colly, François Caron, Christophe Delattre, Joël Donnet, Marc de Giovanni und Gregory Gérault.
Ein großes Dankeschön an Bruno Baudry und an Fuji France.

Die Autoren möchten Henri Kassys für seine vorbehaltlose Unterstützung bei der Verwirklichung dieses gemeinsamen Werks danken.

Impressum

Aus dem Französischen übersetzt von Helmut Ertl
Redaktion und Satz: Delius Producing München
Umschlaggestaltung: Horst Bätz

Copyright © 2004 der deutschsprachigen Ausgabe by Christian Verlag, München
www.christian-verlag.de

Die Originalausgabe mit dem Titel *Souks* wurde erstmals 2003 im Verlag Éditions Flammarion, Paris, veröffentlicht.

Copyright © 2003 Éditions Flammarion
Karte: Edigraphie

Druck und Bindung: Errestampa
Printed in Italy

Alle deutschsprachigen Rechte vorbehalten.

ISBN 3-88472-642-0

HINWEIS
Alle Informationen und Hinweise, die in diesem Buch enthalten sind, wurden von der Autorin nach bestem Wissen erarbeitet und von ihr und dem Verlag mit größtmöglicher Sorgfalt überprüft. Unter Berücksichtigung des Produkthaftungsrechts müssen wir allerdings darauf hinweisen, dass inhaltliche Fehler oder Auslassungen nicht völlig auszuschließen sind. Für etwaige fehlerhafte Angaben können Autorin, Verlag und Verlagsmitarbeiter keinerlei Verpflichtung und Haftung übernehmen.
Korrekturhinweise sind jederzeit willkommen und werden gerne berücksichtigt.